Cuando Dios Dice No

ENCONTRANDO LA FE PARA ACEPTAR LA VOLUNTAD DE DIOS

DENISE WYNN

Sean, mi hermoso hijo

Me has enseñado lo que realmente importa,
has cambiado la manera en que pienso acerca de todo,
y has causado que viva diariamente
en la presencia de Dios

Elogios al libro

Estos escritos crudos y desnudos, revelan el amor inextinguible y paciente entre una madre y su precioso hijo. Dentro de cada página hay una esperanza fresca para la situación más difícil, y un suave viento de gracia para levantar al cansado y llevarlo directamente a los brazos de Aquel que sana al quebrantado y al dolido.

Nancy J. Grandquist
Autora y Expositora

Conocemos uno de los secretos de la vida espiritual de Denise Wynn... ¡En un solo día, ella ha clamado a Jesús más de lo que algunos claman en un mes! Viajemos con Denise y su familia mientras son transformados por la angustia, la soledad, y visitaciones angelicales.

David S. Norris, Ph.D., Profesor
(Escuela Superior de Teología Urshan); y
Nancy Norris, Ed.D., Facultad Adjunta
(Escuela Superior de Teología Urshan)

"No"...una palabra tan pequeña, pero tan definitiva. Un obstáculo en el camino hacia lo que queríamos. No hay salida de un "No." Es algo que nos detiene en el camino. Con una determinación decepcionada, buscamos todas las maneras posibles de evitar este obstáculo, pero nuestros esfuerzos son inútiles. Es en ese momento que descubrimos que la única manera es ¡Mirar hacia arriba! Cuando Dios dice "no," ¡Su gracia fluye! Cualquier cosa que Él retiene, la compensa dando fuerzas, entendimiento, y relación. Así que, si la vida te desembarca en un hoyo oscuro que parece la tumba de todos tus sueños, mira hacia arriba. Existe VIDA más allá de la tragedia. Denise lo ha vivido, y lo ha hecho bien. Ella te puede enseñar qué hacer si se te ha confiado la tragedia. Su bella sonrisa es la prueba.

Thetus Tenney, Autora y Expositora
Ministerios "Focused Light"

———————◈———————

Denise Wynn revela sus luchas más internas en esta triste narración sobre como criar un hijo diagnosticado con autismo. Los Centros para el Control y la Prevención de Enfermedades (CDC, por sus siglas en inglés) reportan actualmente que uno de cada ochenta y ocho niños es diagnosticado con este trastorno devastador que afecta familias, escuelas, y comunidades. Cada once minutos un niño más es diagnosticado con autismo.
Una de las declaraciones más sorprendentes, pero ciertas, que Denise hace es esta: "A muchos cristianos, se les hace muy difícil aceptar el hecho de que las enfermedades crónicas existen dentro de la iglesia."

Con dolor en mi corazón, he visto a niños "normales" evitando a niños con autismo, y también he observado a adultos mostrando impaciencia a través de sus acciones. Si un niño de cada ochenta y ocho es diagnosticado con autismo, es muy posible que haya familias afectadas por esta enfermedad en tu congregación. Es mi oración que este libro nos ayude a entender la agonía que éstas familias están atravesando y que encontremos maneras de apoyarles en vez de juzgarles.

Gracias Denise, por escalar tu montaña un paso a la vez, por compartir tu trayecto con nosotros, y por la fuerte fe que mostraste a través de este trayecto. Has despertado conciencia con este libro, que ha tocado mi corazón, y sé que tocará el corazón de todos los que lo lean.

Gwyn Oakes
Presidenta, Ministerio de Damas
Iglesia Pentecostal Unida Internacional (1994-2018)

Finalmente, un libro sobre el autismo, que cuenta la historia del sufrimiento que las familias padecen y el valor que demuestran cuando sus hijos están en crisis y en necesidad desesperada de servicios. El recuento personal de la autora acerca del proceso y dolor de poner a un hijo en un programa residencial, es gráfico, interesante, y revelador. Es un libro indispensable para familias necesitadas y para aquellos que se preocupan por ellas.

Lisa McCauley Parles, Esquire

Índice

Reconocimientos

Dicen que se requiere de todo un pueblo para criar a un niño. Yo digo que se requiere de un pueblo especial para criar a un niño con necesidades especiales. Soy afortunada de conocer a muchos seres humanos increíbles con atributos extraordinarios. Los súper héroes sí existen.

A los súper héroes de Educación Especial de GCSSS, ACSSS, y Bancroft: Ustedes llenan los días de Sean con desafíos y premios, y siempre se esfuerzan en ayudarle a desempeñarse de la mejor manera posible.

A la facultad residencial de Bancroft: Les agradezco por cuidar de mi hijo con integridad, amabilidad, y compasión.

A los muchos familiares, amigos, y conocidos a través de los años, que han bendecido considerablemente la vida de mi niño (y aún a los desconocidos que trabajaron en la escuela o conocieron a Sean en la comunidad): De corazón quiero decirles, "Gracias".

Al Grupo de Madres "Más a la Vida": Han transcurrido muchos años desde que comenzamos nuestra jornada hacia el "Mundo Nuevo." Ustedes son mis hermanas de corazón por siempre.

A Nancy Eshelman, nuestra vecina y amiga: Eres un tesoro. Gracias por todo lo que has dado a nuestra familia.

A mis compañeros de trabajo: Me han visto llorar y luego me han hecho reír, porque todos sabemos, "A nadie le importa." Yoli, sé que Dios planeó el momento exacto en el que nos conoceríamos.

A Rachel Neyland: ¡Fuiste la mejor niñera!

A la familia Killingsworth: Lo han visto todo y nos aman de todas formas. Valoro nuestra amistad.

A Ron, Roseanne, Rachelle, y Ronnie Spatafore: Nuestra familia ha sido bendecida por su amistad fiel y muy divertida.

A Cindy Miller: Eres mi mejor y eterna amiga, terapeuta, animadora, y aquella que vio más en mí de lo que jamás creí existía. LuLu, siempre tienes la razón.

A mis padres, Edward y Jane Gray: No hay suficientes palabras...siempre han estado ahí. La manera en que aman a cada uno de sus hijos y nietos es realmente abnegada, generosa, e incondicional.

A mis hermanos, Eddie, Heather, y Kim: Sé que me aman y saben que los amo...de alguna manera esto funciona solamente para nosotros.
A Wayne y Josie, mis suegros: Gracias por toda su ayuda práctica y apoyo amoroso.

A Aaron: Eres más de lo que jamás hubiera podido soñar posible en un hijo. Estoy agradecida por cada "SÍ" que Dios nos ha concedido en ti.

A *Gary:* Estoy tan contenta de que no nos convertimos en uno del ochenta y cinco por ciento de los matrimonios que se desintegran bajo el estrés de criar a un hijo con discapacidades. A través de todo, somos más fuertes, mejores, y estamos más enamorados que nunca. Eres un padre increíble, un esposo fiel, y un hombre hermoso.

A *Steven D'Amico, Jr.*: Gracias por hacer aquello que a mí pudo haberme matado.

A *las familias Cornett y Raymond, y a mi familia de "Espíritu y Verdad"*: Es un privilegio compartir este trayecto con ustedes. Nunca en un millón de años me imaginé que Gary y yo trabajaríamos de su lado. Gracias por amarnos.

No hubiera podido escribir este libro sin una editora maravillosa, talentosa, y excesivamente calificada. Krystal Mayville. Estoy segura de que nadie en el planeta hubiera mantenido mi voz tan auténtica como lo has hecho tú. Tienes el don de la "cristalización." ¡Poderoso! Tú mantienes mis palabras "breves" y es tan divertido trabajar contigo. Sin ti no hubiera podido encontrar a Cara Davis, ¡la extraordinaria diseñadora gráfica! Cara, me entendiste desde el principio y lo hiciste realidad.

Este libro ha estado dentro de mí por muchos años, esperando el final feliz antes de ser compartido. Gracias, Dios, por enseñarme que algunas historias están hechas para ser contadas tal y como son. El milagro se encuentra en el conocimiento de que TÚ eres el principio y el final de cada historia. Mi Alfa y mi Omega, te amo.

Introducción

"Otros fueron atormentados, no aceptando el rescate, a fin de obtener mejor resurrección. Otros experimentaron vituperios y azotes, y a más de esto prisiones y cárceles. Fueron apedreados, aserrados, puestos a prueba, muertos a filo de espada; anduvieron de acá para allá cubiertos de pieles de ovejas y de cabras, pobres, angustiados, maltratados; de los cuales el mundo no era digno; errando por los desiertos, por los montes, por las cuevas y por las cavernas de la tierra. Y todos éstos, aunque alcanzaron buen testimonio mediante la fe, no recibieron lo prometido; proveyendo Dios alguna cosa mejor para nosotros, para que no fuesen ellos perfeccionados aparte de nosotros."
(Hebreos 11:35-40)

No es algo que se predica a menudo. De hecho, en veintitrés años de sermones, estudios bíblicos, grupos de amistad, campamentos, y conferencias, solamente he escuchado el final de Hebreos leído en voz alta una sola vez. Mi pastor, Stan Miller, un hombre que conoce lo que se siente al escuchar un NO departe de Dios, predicó un mensaje sobre ésta porción de las Escrituras, y acerca de su vida, que sanó un pedazo muy roto de mi corazón.

Dios siempre responde a la oración. Sus respuestas llegan de varias maneras. Mi favorita (y supongo que la tuya también) es el inmediato "¡Sí, mi dulce hija! Aquí tienes. ¡De nada! ¡Disfruta!"

Luego está la respuesta que dice: "Bien, pero tendrás que esperar." No es la que más nos gusta, pero es factible porque sabemos que lo que deseamos con el tiempo vendrá.

Luego está el "No," el cual a menudo malinterpretamos como, "Bien, pero espera." Al final, si no recibimos la respuesta por la cual suplicamos, a veces lo interpretamos como que no hemos recibido una respuesta.

Sin embargo, a veces, "No" simplemente significa "No." El Señor Todopoderoso, el Grande, Maravilloso, y Omnipotente, en su majestuosa y omnisciente soberanía, dice "NO."

Cuando sentimos que Dios no está respondiendo nuestras oraciones, la frustración aumenta, mientras nuestra fe constantemente se levanta y cae. Esperar un sí del cielo lleva nuestros corazones a nuevos lugares mientras imaginamos y soñamos los mejores y peores escenarios.

Las oraciones no contestadas pueden conducir a que nos decepcionemos de Dios, lo que hace que recurramos a grandes actos de manipulación, el auto desprecio, la incapacidad de superar las cosas y las heridas auto infligidas.

El oír y entender la palabra "No" me ha permitido moverme hacia adelante a un lugar en donde he encontrado que Dios es muy diferente a lo que yo antes pensé que conocía. Él cumple sus promesas y su gracia es suficiente. Él siempre está presente, aun cuando lloro sobre mi almohada, gritando hacia los cielos, o cuando lo ignoro por completo. Él cuida de su preciosa y dolida hija con un amor, una misericordia y una compasión sin límites.

Al rendirme a su voluntad, he visto destellos de su poder y propósito. Aceptar el NO me ha abierto puertas en el ministerio a lugares en donde he sido bendecida, puesto que he podido tocar al herido, consolar al afligido, y alentar al que tiene el corazón roto.

Pero lo más importante es que aceptar el NO me ha mostrado qué tanto anhelo el cielo. Las discapacidades de Sean me recuerdan que vivo en un mundo caído que no es mi hogar.

"...todos éstos, aunque alcanzaron buen testimonio mediante la fe, no recibieron lo prometido...proveyendo Dios alguna cosa mejor para nosotros."
(Hebreos 11:39-40)

Hay una delgada línea entre la fe y la aceptación. Esa es la cuerda floja sobre la cual nosotros, que vivimos al final de Hebreos 11, debemos caminar.

Prólogo

Querido Lector,

Tienes en tus manos un libro con el potencial de abrir tus ojos, sanar tu corazón, restaurar tu fe en Dios, o posiblemente las tres cosas...dependiendo de tu necesidad.   Este es un libro especial. Fuiste atraído a él por una razón.

Conocí a Denise hace años, una vez que nuestros ministerios se entrelazaron.   Ella era una madre joven, llena de pasión por Dios, con visión para el ministerio.   Yo era la presidenta de la División de Damas del Distrito de New Jersey/Delaware en nuestra organización, y había invitado a esta visionaria talentosa a servir en mi comité. Después de un período de tiempo, Denise y Gary se trasladaron para trabajar con nosotros en nuestra iglesia en crecimiento. Esta familia incluía a su hijo mayor, Aaron, y su hijo menor, Sean. Sean, con sus necesidades especiales, capturó los corazones de nuestra iglesia. Se formó un equipo de "Amigos de Sean", cuyos miembros proveían el cuidado completo de Sean en la iglesia. Durante estos años de colaboración en el ministerio, empezamos a ver de cerca la gran responsabilidad y el cuidado que ésta preciosa familia tenía con su querido hijo, las 24 horas del día.
A través de los años, he tenido el privilegio de ser una amiga cercana de Denise y de compartir los altibajos de su jornada, que es de lo que se trata este libro. Mi amiga es extremadamente honesta, chistosa

hasta causar carcajadas, y profundamente reflexiva. Para aquellos que aman y cuidan de personas que requieren más de lo que la mayoría jamás daría en una relación, este libro resonará en ustedes. Para aquellos que tienen familiares o amistades con necesidades especiales, por favor lean este libro para poder entender cómo ser mejor amigo y un miembro de familia más alentador. Y para aquellos que se sientan en la iglesia y miran a familias en la congregación que tienen un hijo, hermano, hermana, madre, padre, o cualquier otro ser querido con necesidades especiales, por favor lean esto para obtener una perspectiva clara sobre cómo ministrarles.

Cuando Dios Dice "No" es una obra de intensa valentía. El estilo anecdótico de Denise es cautivador. Lee su historia con un corazón abierto y prepárate para ser cambiado.

Ahora voltea la página y comienza tu viaje.

Doctora Cindy Miller
Autora, Consejera, Pastora, y Profesora Universitaria

Nota al lector

Las historias que he escrito en este libro son una muy pequeña parte de dieciocho años siendo la madre de Sean. He intentado traerte a mi vida, en sus más bajos y peores puntos, para mostrarte mi corazón con cruda autenticidad. Habrá momentos en los que parezco ser escéptica, sarcástica, irrespetuosa, y hasta mala. Mientras que admito haber sentido estas características, nunca he permitido que se incrusten en mi alma.

He aprendido lo bello que es el perdón, la aceptación y la gracia, y estoy segura de que es solamente por la maravillosa gracia de Dios que todavía estoy de pie. Solamente el Señor sabe cuál sala del hospital psiquiátrico sería mi hogar, si no hubiera sido por Su fidelidad hacia mí.

Él me ha rescatado del borde cuando estaba segura de que iba a caer, desmoronándome en un millón de pedazos. He pasado horas en la oscuridad, sentada y meciéndome en el suelo, luchando por mi cordura, lamentándome y gimiendo cuando estaba demasiado afligida para orar. He sentido que el espíritu del miedo me paralizaba. Me he encontrado con el espíritu del suicidio mientras cruzaba un puente. He cargado con la nube oscura de la depresión y he experimentado la asfixiante falta de aire de la ansiedad. Me he enfrentado a la muerte en todos los niveles; la muerte del cuerpo, del alma y del espíritu, pero cada vez me he levantado con la determinación de vivir un día más.

Con cada victoria, me he vuelto más fuerte y decidida a vivir una vida que importe. Quiero que mi vida cuente para algo mucho más grande que la simple existencia. Tiene que ser una vida que ministre ésta sólida verdad a los demás: Dios es capaz de hacer muchísimo más de lo que podemos pedir o pensar, según el poder que obra en nosotros.

De corazón a corazón, de mi vida a tu vida, mi oración es que seas motivado e inspirado.

~Denise Wynn

"Porque esta leve tribulación momentánea produce en nosotros un cada vez más excelente y eterno peso de gloria."
2 Corintios 4:17

El Sonido de Sirenas

Siempre me imaginé que mi vida de adulta iba a ser feliz. Un muchacho conoce una muchacha, se enamoran, se casan, compran una casa con una cerca blanca y tienen niños. Yo era una creyente en que todas las cosas pueden ser buenas. ¿Por qué no? Mi vida siempre había sido buena. Disfruté de una niñez normal en un suburbio en los años 1970, con una familia llena de amor. Me casé con el hombre de mis sueños y juntos nos enamoramos de Jesús. Prometimos amarnos el uno al otro, y estábamos muy involucrados en nuestra fe, por lo que estábamos seguros de que nuestra meta de "ser felices para siempre" estaba garantizada.

Mi primer embarazo nos dio un niño hermoso y sano, el cual ha sido nuestro gozo desde el momento en que nació. Aaron era dulce, adorable, muy cariñoso y de buena disposición. Era de tanta bendición que quisimos tener otro bebé. Por supuesto, nosotros esperábamos obtener exactamente lo que queríamos.

Después de tres años, tuvimos nuestro segundo hijo. Sean, otro pedacito de gozo, hermoso y sano. Todo estaba perfecto, hasta que una mañana escuché el sonido más raro y aterrador de toda mi vida. Corrí a su dormitorio, y encontré a mi bebé temblando y teniendo convulsiones en su cuna. Lo alcé, corrí al teléfono y llamé al número de emergencias (911).

Los paramédicos llegaron. Mi bebé estaba acostado, no respondía, y su piel había cambiado a un color gris pálido, medio azul. Muy rápidamente, le pusieron una máscara de oxígeno en su cara, lo colocaron en una camilla y me escoltaron hacia la parte de atrás de la ambulancia. Llegamos al hospital más cercano con un ruido tremendo de sirenas y luces intermitentes.

Esta escena de sirenas, transportes en ambulancia, paramédicos, doctores, enfermeras y hospitales, se convirtió en nuestra nueva vida. Entramos en un mundo completamente nuevo, totalmente diferente a lo que antes habíamos vivido. Era un mundo caótico y daba miedo. La gente era diferente, el idioma era diferente, y todo lo que vi y sentí en la atmósfera era extraño para mí.

En dos ocasiones diferentes antes de que él tuviera estas convulsiones y nuestras vidas cambiaran para siempre, yo sospechaba que algo andaba mal con Sean. Un día, él se puso pálido y letárgico y lo llevamos a la sala de emergencias. El doctor nos dijo que tenía una infección de oídos. En otra ocasión, una mañana yo estaba con él en una reunión de oración de damas y comenzó a tener espasmos en su brazo. Una madre de cinco hijos, con experiencia, me aseguró que él solo estaba tratando de darse vuelta. En cada una de estas situaciones, y sin razón alguna, la voz interna de mi instinto susurraba, "convulsiones". Luego, después de casi 24 horas de su visita de seis meses al doctor, Sean tuvo su primera experiencia con serias convulsiones.

Las convulsiones de Sean empezaron a ocurrir cada semana. Comenzamos a darle medicinas e hicimos citas con el Departamento de Neurología en el Hospital de Niños de Filadelfia (CHOP, por sus siglas en inglés). El equipo de CHOP era fantástico. Sean tuvo una serie de electroencefalogramas (EEG, por sus siglas en inglés), Tomografías de Emisión de Posiciones (PET, por sus siglas en inglés),

Imágenes de Resonancias Magnéticas (MRI, por sus siglas en inglés), Tomografías Computarizados de Axial (CAT, por sus siglas en inglés), y exámenes de cromosomas. No encontraron ninguna evidencia fisiológica que hubiera estado causando este desorden de convulsiones, lo cual nos dio mucha esperanza de que estas convulsiones eran de naturaleza febril y se le iban a pasar con su crecimiento. Puesto que mi padre y yo tuvimos convulsiones febriles de niños, yo simplemente sospeché que las convulsiones de Sean eran también de esa naturaleza. Sin embargo, esto no fue así con nosotros. A Sean le diagnosticaron epilepsia.

De mal en peor

El Estado Epiléptico (SE, por sus siglas en inglés) es una condición de vida o muerte, en la cual el cerebro se encuentra en un estado de convulsiones persistentes. Esta convulsión monstruosa a veces aparece como una convulsión continua e incesante que dura más de cinco minutos. Otras veces, las convulsiones son periódicas, y entre una y otra, dejan a la persona inconsciente por varios minutos. Generalmente el tratamiento comienza después de que la convulsión dura cinco minutos. Es considerada una emergencia médica.

Usualmente, las convulsiones no paran en ese período de cinco minutos, sin una intervención medica, y cinco minutos es suficiente tiempo para que un daño neurológico ocurra. Si dicha convulsión no se controla rápidamente, esto hace aumentar el riesgo de muerte.

Sean tenía nueve meses cuando tuvo su primer episodio de Estado Epiléptico. Estábamos en casa de mis padres celebrando el cumpleaños de mi hermana. Yo estaba sentada en la sala con Sean cuando las convulsiones comenzaron. Terminó en unos minutos y luego otra comenzó. Nunca había visto esto antes. Alguien llamó al 911 y la ambulancia llegó rápidamente. Sean todavía estaba convulsionando cuando los paramédicos lo pusieron en una camilla y lo metieron a la ambulancia. Yo me subí a la ambulancia, como me habían instruido, y empecé a responder preguntas mientras íbamos al hospital, muy de prisa.

Escuché que el Técnico Médico de Emergencia (EMT, por sus siglas en inglés) llamó a la sala de emergencias para informarles de la situación. Cuando llegamos, un equipo de médicos nos estaba esperando afuera e inmediatamente metieron a Sean por las puertas. A mí me pararon, y nuevamente me tocó responder las mismas preguntas que ya había contestado. Miré de lejos como el personal de enfermeras rodeó a mi bebé, y frenéticamente estaban abriendo cajones y gabinetes, corriendo por el pasillo cogiendo bolsas de plástico, tubos y jeringas. Escuché las palabras, "Emergencia Código Azul", que se repetía varias veces por el parlante, pero no caí en cuenta en que nosotros éramos esa emergencia Código Azul, hasta que un pequeño ejército de personal médico vino corriendo por el pasillo directamente al cuarto de mi niño.

Luego, recuerdo que mi esposo estaba parado a mi lado, mientras el doctor nos decía que había hecho arreglos para que Sean fuera transportado al Centro de Traumas Cooper, en un helicóptero llamado MediVac. Todo pasó tan rápido. El pequeño cuerpo de Sean todavía estaba convulsionando. Pasaron como cuarenta minutos desde el momento en que comenzaron las convulsiones. Otra vez lo pusieron en la ambulancia y lo llevaron al helicóptero que estaba esperando en un lugar cerca. Nos dijeron que fuéramos al centro de traumas.

Ciertos momentos se quedan quemados en tu memoria para siempre. Este viaje es uno de ellos. Tuve un dolor agudo acompañado de pensamientos de perder a alguien a quien amo más que a mi propia vida. Mientras manejábamos 45 minutos a la ciudad de Camden, sentimos pánico, dolor, esperanza, temor y la esperanza nuevamente volvió a nuestras mentes. Repetimos una oración muchísimas veces, "por favor déjalo vivir, por favor déjalo vivir, por favor déjalo vivir..."

Cuando llegamos, nos escoltaron hacia la Unidad de Trauma, en donde esperamos las noticias. No sabíamos si nuestro bebé estaba vivo o muerto, así que cada minuto nos parecía como un viaje larguísimo, donde parecía que yo estaba subiendo una montaña rocosa muy alta y luego caía hasta abajo. Finalmente, alguien dijo las palabras que desesperadamente estábamos esperando: "su hijo está establecido.... en condición crítica, pero estable." Luego, lo vi pasar en una cuna de metal hacia una unidad. Tenía un ventilador que empujaba aire hacia sus pulmones por medio de un tubo para mantenerlo vivo. Rasparon su cabellito fino, rubio y lleno de rizos y tenía una aguja intravenosa a un costado de su cabeza. ¡Estaba inconsciente, pero estaba vivo!

Apenas Sean recobró la consciencia, se quitó el tubo del ventilador y se arrancó el suero de su cabeza. Nos sorprendió su fuerza y resistencia. Se recuperó muy pronto y estuvo listo para irse a casa en unos pocos días. Nuestro bebé era un gran luchador.

Estaba tan aliviada de tener a mi dulce niño en mis brazos nuevamente. Nunca consideré o pensé preguntar si pudo haber ocurrido un daño cerebral durante la convulsión de una hora. Mucho mas adelante, hice una investigación y me enteré de que la depravación de oxígeno en el cerebro durante una actividad de convulsiones prolongada puede causar daño a las neuronas, deterioro cognitivo, retraso del desarrollo y una mayor incidencia del autismo en los niños a los que se les ha diagnosticado un trastorno convulsivo

Había tanta información nueva para mí. Era inocente, ingenua, joven, y tenía muchas esperanzas de que Dios iba a escuchar mis oraciones. Estaba completamente inconsciente de la multitud de batallas por venir, y de que mi niño tendría que pelear contra el Estado de Epilepsia para vivir, once veces más.

La primera vez que Dios dijo no

Desilusión. Viene en oleadas. La caída y subida de emociones que parecen ser tan estratégicas para permitir que se toque el borde de la locura o el desespero, pero sin cruzar ese delicado borde.

Recuerdo la primera vez que Dios dijo No. Nos dijeron que un evangelista muy conocido por practicar el don de sanidad estaba programado para estar en una iglesia en nuestra área. Sabíamos que necesitábamos un milagro y creíamos que Dios es el Sanador. Mi esposo Gary y yo preparamos a nuestro hijo Sean y lo llevamos al servicio. Cantamos alabanzas y cánticos de adoración en el carro, orando por todo el camino hasta llegar allá. Nuestra fe se estaba fortaleciendo, y con cada milla que manejábamos nos acercábamos más a nuestro milagro. Durante las alabanzas y durante la predicación, sentíamos tanta expectativa. El predicador contó historia tras historia de milagros y sanidades. El señalaba a gente en la congregación y discernía sus enfermedades y les decía que ya estaban sanos. Cuando recolectaron la ofrenda nos dijeron que diéramos de acuerdo con nuestra fe para que así recibiéramos nuestro milagro. Solo teníamos $300 en el banco, pero sabíamos que Dios honraría nuestro sacrificio si le dábamos todo lo que teníamos, pues eso era lo que el predicador había dicho. Ansiosamente colocamos nuestro cheque en el plato de la ofrenda y salimos de las bancas hacia el pasillo en donde la línea de las sanidades ya se había formado.

Esperábamos y veíamos cómo, uno por uno, el ministro imponía las manos sobre la cabeza de las personas, orando sincera y específicamente por sus necesidades, a menudo conociendo su dolencia sin que se lo dijeran. Sabía con certeza que echaría fuera el espíritu epiléptico cuando orara por mi hijo. Cuando nos acercamos al predicador, Gary y yo empezamos a dar gracias a Dios por la sanidad de nuestro hijo. El predicador tocó rápidamente la cabeza de Sean y dijo: "Sé sano en el Nombre de Jesús", y luego pasó a la siguiente persona en la fila. La decepción se apoderó de mí mientras nos alejábamos de la fila de los que se sanaban. Miré hacia una de las vidrieras de la iglesia y vi una imagen de Jesús sosteniendo a un niño rubio y gordito (con un increíble parecido a mi hijo) en sus brazos. Dentro de mi cabeza, le oí decir: "No he curado a Sean, pero lo estoy sosteniendo". Dios dijo No. Nos engañaron. Queremos que nos regresen nuestro dinero.

Las convulsiones de Sean empeoraron. La vida siguió, y las filas de oración continuaron. En muchas ocasiones, me llamaron delante de todos durante los servicios de la iglesia, para que pasara al frente y orara. Me sacaban de mi banca y me ungían con aceite y oraban por mí. También me aconsejaban que durmiera con paños de oración en todas mis almohadas y que pegara paños de oración en la ropa de mi bebé, todo lo cual hice obedientemente y con un sentimiento de esperanza. Las líneas de oración, los evangelistas usados con el don de sanidad y las cruzadas milagrosas siguen siendo temas delicados para mí hasta el día de hoy.

A lo largo de los años he observado, me he conmovido y me he compadecido de mis hermanos y hermanas con enfermedades crónicas. Sin embargo, ninguno tanto como una hermana en la fe, que sufrió un horrible accidente de tráfico que le destrozó los dos tobillos. En cada servicio, la veía apoyarse en su andador y subir cojeando fielmente hasta sentarse en la primera fila, esperando su milagro. Había aguantado mucho tiempo, esperando que Dios reconstruyera milagrosamente sus huesos (como muchas personas bien intencionadas, le dijeron que Él haría). Finalmente aceptó que los médicos le fusionaran los tobillos y le implantaran barras de acero. Semana tras semana, esas mismas personas bien intencionadas intentaban levantarla de su silla, animándola a dar un paso de fe. Con el paso del tiempo, allí estaba sentada la pobre hermana. El pastor empezó a frustrarse por su falta de fe, y le ordenaba que caminara e incluso le exigía que corriera. Ella trataba de complacerlo. Una vez que fue físicamente capaz, se puso de pie con su andador y arrastró los pies de un lado a otro en el área del altar. Era insoportable verlo. Yo quería que saliera arrastrando los pies por la puerta principal y encontrara una iglesia que simplemente aceptara su discapacidad y la amara sin condiciones.

Muchos cristianos tienen grandes dificultades para aceptar el hecho de que las enfermedades crónicas existen dentro de la iglesia.

Una de mis mejores amigas tiene diabetes tipo 1, al igual que su hija. He estado con ella en las filas de sanidad mientras esperaba que el evangelista la tocara con el aceite de la unción para que fuera sanada. En una ocasión, estaba tan segura de que Dios la había sanado que se negó a usar su insulina. Meses más tarde, cuando se enfrentó a la decisión de reanudar la insulina o entrar en un coma diabético (lo que acabaría provocando su muerte), eligió la medicación. Algunos dirán que fue una falta de fe, pero yo he visto la gran fe que se necesita para vivir con una enfermedad crónica. He visto a mi amiga y a su hija contar los carbohidratos de cada bocado que se llevan a la boca. Todo el día, todos los días, han lidiado con agujas, puertos y bombas. Créanme cuando digo que nadie deseaba más que ellas, curarse.

He asistido a los funerales de fieles cristianos que creyeron hasta su último aliento que Dios los sanaría. Otros han muerto repentinamente sin una oración. He estado junto a los ataúdes de personas mayores, que habían vivido una buena y larga vida, sonriendo mientras contábamos historias y relatábamos recuerdos. He llorado junto a los ataúdes de amigos de mediana edad, que aún tenían mucho por vivir. He llorado junto a los ataúdes de adolescentes, que acababan de empezar a disfrutar de la vida. He llorado junto a los ataúdes de niños rodeados de peluches, que apenas conocían la vida. Algunos sufrieron enfermedades largas y dolorosas, mientras que otros se fueron en un instante, sin previo aviso.

A veces Dios simplemente dice que no.

Tú no confías en Mí

Orar era tan fácil como respirar. Yo estaba tan desesperada por recibir fuerzas para superar cada día, que oraba constantemente, y siempre mis oraciones volvían a dirigirse a Sean. Una y otra vez, una y otra vez, oraba la misma oración, a veces suplicando, y a menudo exigiendo. Siempre le pedía a Dios que lo hiciera a mi manera. Sinceramente, pensaba que mi plan era brillante. Sabía que Dios podía hacerlo, y creía que lo haría. Después de doce episodios de estado epiléptico en apenas un año, ¡era un milagro que Sean estuviera vivo! Seguramente, Dios, una sanidad total te daría la gloria que mereces. Todos los ojos están puestos en ti, el Grandioso, Maravilloso, Increíble, Asombroso, Todopoderoso Creador del Universo. Vamos, Dios. ¡Tú puedes hacerlo!

Mientras yo animaba a Dios en voz alta en mi oración, Él susurró en voz baja: "Tu no confías en mí."

En este punto, yo realmente creía que Dios sanaría a mi hijo. Pensaba que confiaba completamente en Él, pero esta conversación particular con el Señor cambió todo lo que creía sobre lo que significa confiar. Mientras continuaba mi intento de persuadir al Todopoderoso de que confiaba en Él, Él iluminó mi mente con un concepto tan extraño para mí, que retrocedí físicamente por el sobresalto. Dijo: "Tú confías en que yo curaré a tu hijo, pero no confías en mí si no lo hago". Me tomé un momento para considerar esta afirmación, preguntándome si podía aceptar Su voluntad. Visualicé a mi bebé en el UCI, y luego en un ataúd, y decidí que no podía confiar en Dios porque no sabía lo que haría. La conversación terminó, se levantó un muro y, aunque seguí orando, Dios y yo dejamos de hablar ese día.

La vida seguía y a veces, en mi desesperación, cedía y le pedía ayuda a Dios. Mis oraciones se convirtieron en peticiones, siempre unilaterales. Me cuidaba de no demorarme en Su presencia por temor a que dijera algo... o cualquier cosa. Es difícil ser un cristiano que no ora, pero me volví excelente en ello. Orar por los demás seguía funcionando. La gente seguía recibiendo el Espíritu Santo con mi mano desconfiada sobre su hombro. Fui fiel y asistí a todas las reuniones de oración programadas. Sólo me aseguré de hablar yo durante cada oración. No quería escuchar lo que Dios tenía que decir.

Las convulsiones de Sean empeoraron. Se volvieron más frecuentes y a veces ocurrían varias veces al día. Probamos varios tratamientos diferentes y fue hospitalizado a menudo mientras hacíamos cambios en sus medicamentos. Finalmente, su neurólogo encontró una combinación de anti-convulsivos que limitó su actividad epiléptica a una vez por semana y detuvo los Estatus Epilépticos que amenazaban su vida. ¡Qué alivio! No era la sanidad que yo había deseado, pero era manejable.

A medida que mis temores comenzaron a disminuir, mi anhelo por el Señor aumentó. Sentí el vacío inmediatamente, cuando pude empezar a sentir de nuevo. El esfuerzo de mantener el muro entre Dios y yo, se hizo demasiado para mí. Un domingo por la tarde, fui al frente de la iglesia a orar. Me dirigí al pastor, con la intención de revelarle mi corazón, pedirle que orara y, por fin, cerrar la distancia entre Dios y yo. Mientras estaba ante él con lágrimas corriendo por mi cara, intentando describir mi necesidad, me detuvo y dijo: "¿Sabes cuál es tu problema? Tu vida de oración apesta". Luego lo repitió en voz más alta para que los demás que estaban alrededor no se perdieran su discernimiento de mi pecado. "¡TU VIDA DE ORACIÓN APESTA!"

La intensidad de sus palabras, tanto literal como espiritualmente, me dejó atónita. Me sentí tan herida, avergonzada y aún menos confiada en Dios por haberme delatado y por permitir que este hombre me hiriera, me avergonzara y me expusiera con lo que yo creía que era mi secreto.

Honestamente, pasó mucho tiempo antes de que pudiera volver a orar. Me convertí en una cristiana falsa. Lo parecía y lo vivía, pero mi corazón estaba cerrado. Dios tenía razón. No confiaba en Él.

El día cuando se fueron las palabras

Sean tenía dos años y cuatro meses cuando se le fueron las palabras. Acababa de empezar a decir "te amo".

Recuerdo que mi pánico crecía, hora a hora, mientras Seany se movía en silencio todo ese día. No había palabras. No había "mamá, papá o Aaara" (por decir Aaron). Tampoco había oraciones a la hora de comer: "¡Jesús, Jesús, Amén!", que solía pronunciar con tanto entusiasmo después de devorar felizmente cada bocado.

Llamé a su neurólogo del Hospital Infantil. Pidió ver a Sean inmediatamente. Creía que la pérdida del lenguaje estaba potencialmente relacionada con el medicamento anti-convulsivo de Sean, el Fenobarbital. Llevamos a Sean para que le hicieran un examen, y luego empezamos a darle una nueva medicina, con la esperanza de que sus palabras volvieran rápidamente. Sin embargo, las palabras no aparecieron. En cambio, comenzaron a darle más ataques. Vimos cómo dos, y a veces tres convulsiones al día sacudían su pequeño cuerpo. En ese momento, debido a la naturaleza traumática de las convulsiones, dejamos de centrarnos en el hecho de que sus palabras no habían regresado, hasta que llegó el día en que se nos presentó una nueva e incómoda palabra llamada Autismo.

Habíamos asistido a una reunión familiar, donde pasamos un rato con mi cuñado Brian y su esposa Melissa. Más tarde, le comentaron a mi suegra que les preocupaba que algo pudiera andar mal con Sean. Al comparar a Sean con el sobrino pequeño de Melissa, se dieron cuenta de que Sean tenía un retraso significativo en su desarrollo.

Mis instintos se dispararon. Olas de pánico fuertes y ardientes se apoderaron de mi mente. Rápidamente envolví mi pánico en ofensa para poder absorber la información y procesarla lógicamente. Es fácil ofenderse, pero contemplar la posibilidad de que tu hijo sea de alguna manera defectuoso, dañado y "no normal" no es fácil. Pero sabía que tenían razón. Algo andaba muy mal.

Mientras un día silencioso transcurría y los comportamientos extraños seguían apareciendo, pedí una cita con un psicólogo del desarrollo en la Seashore House de Filadelfia. Mientras esperábamos al médico, Sean estaba sentado tranquilamente en el suelo, alineando sus carros de juguete y sus galletas en dos filas perfectamente rectas, haciendo repetidos ajustes cuidadosos y constantes de la rectitud de cada línea. Fue en esa sala de exámenes poco iluminada, congestionada y pequeña, en donde un médico con las cejas más feas y tupidas que jamás había visto, me miró a los ojos y me atravesó el corazón con una palabra: "Autismo".

"Su hijo tiene autismo", nos dijo. El asombro, el horror, la incredulidad y la pena nos envolvieron mientras pensábamos: "No. Es imposible que esto sea cierto".

"¿Camina de puntillas?"

"Sí".

"¿Agita las manos?"

"Sí, a veces".

"¿Suele alinear los objetos en una fila recta?"

"Sí".

"¿Habla?"

"No".

"¿Juega con otros niños?"

"No".

"¿Alguna vez te busca?"

"No."

El autismo había secuestrado a mi pequeño, con sólo dos años y cuatro meses de vida. Los ataques continuaron y, tal como había dicho el psicólogo, los retrasos en el desarrollo de Sean aparecieron.

¡Qué diferencia marca un día! Todas sus palabras se fueron. Se habían desvanecido por completo. De repente, en su lugar había una plétora de movimientos extraños con las manos, girando los dedos y golpeando la cabeza, acompañados por el siempre presente caminar de puntillas.

Las rabietas, los pellizcos, los arañazos y los chillidos desgarradores no tardaron en establecerse definitivamente, y se convirtieron en el único medio de comunicación de Sean.

Padre Abraham

Y aconteció después de estas cosas, que tentó Dios á Abraham, y le dijo: Abraham. Y él respondió: Heme aquí. Y dijo: Toma ahora tu hijo, tu único, Isaac, á quien amas, y vete á tierra de Moriah, y ofrécelo allí en holocausto sobre uno de los montes que yo te diré.
Génesis 22:1-2

No había absolutamente ninguna manera de que Sara, con su corazón de madre, supiera a donde Abraham iba a llevar a Isaac esa mañana. Ella habría hecho todo lo que estuviese a su alcance para evitar que Abraham se fuera.

A lo largo de los años han sido muchos los altares en los que me he encontrado. Algunos los he creado voluntariamente, a algunos he llegado en estado de desesperación, y a algunos me han llevado pateando, gritando, clamando, vociferando y haciendo rabietas.

Una de mis más memorables experiencias en el altar, ni siquiera fue la mía; fue la de mi esposo. Dios y yo todavía no nos hablábamos de la mejor manera. Dependía de que Gary se mantuviera espiritualmente intacto para que tuviéramos acceso al trono cuando fuera necesario. Sean tenía tres años cuando Gary decidió sacar un Padre Abraham en la sala de emergencias del hospital.

Después de muchos meses de actividad convulsiva manejable, Sean volvió a sufrir un estado convulsivo. Fue un episodio de convulsiones que puso en peligro su vida y en el que los médicos no pudieron detener la convulsión durante casi una hora. No pudieron conseguir un acceso intravenoso porque todos los lugares en los que podían poner una vía intravenosa eran infructuosos. Finalmente, llamaron a un cirujano para que le hiciera un "corte" en la vena arterial para medicarlo e intubarlo. Parecía que lo perdíamos. Habíamos estado allí muchas veces con el mismo equipo luchando por salvar a nuestro hijo. Pude ver el puro pánico en cada uno de sus rostros. El cambio en la atmósfera era abrumador. Podía olerlo, saborearlo, oírlo y sentirlo.

En ese momento de miedo crudo y paralizante, miré y vi a mi marido ponerse de rodillas, levantar las manos, abrir la boca y empezar a orar. Observé cómo se movían sus labios y me di cuenta de que le estaba diciendo a Dios que le había entregado a nuestro hijo, que le confiaba nuestro hijo, y que, si era su voluntad, podía llevarse a nuestro bebé. El Padre Abraham estaba subiendo al Monte Moriah con nuestro hijo.

Lo odié. ¡Quería que se callara y se levantara del suelo! Empecé a orar mi propia oración, "¡NO! DIOS, ¡NO! ¡NO TE LO LLEVES!" No estaba preparada. Aún no confiaba en Dios. No podía... no quería soltarlo. La ferocidad con la que me aferraba era indescriptible. Mientras le rogaba a Dios que dejara de escuchar a mi esposo, las puertas se abrieron y el equipo del Children's Hospital (hospital de niños) entró y comenzó a trabajar inmediatamente con Sean. Fue como si los ángeles los hubieran hecho entrar. El aire que se respiraba en ellos era confiado y poderoso y sabíamos que rescatarían a nuestro hijo. Finalmente, Sean paró de convulsionar.

Tubo respiratorio insertado - comprobado.

Ventilador encendido - comprobado.

Viaje en ambulancia al Hospital de Niños de Filadelfia - comprobado.

Todos conocíamos el procedimiento.

No vi un carnero en un matorral ese día, pero Dios libró a mi hijo. Padre Gary Abraham, ¡su fe es increíble!

Yo quiero _____

Sean empezó a recibir educación especial a los tres años. Siempre recordaré mi primera visita a la escuela. El director me recibió en la puerta, me saludó de forma alegre y comenzó a mostrarme las instalaciones. Enseguida oí llantos, gritos, gemidos y otros sonidos que no sé cómo describir. Miré en las habitaciones y vi niños pequeños. Algunos estaban sentados en sillas y otros tumbados en el suelo. Aunque algunos parecían contentos, la mayoría estaban angustiados, lo que explica los extraños sonidos.

Sin previo aviso, mis emociones sacudieron mi compostura y comencé a sollozar en el pasillo. No podía imaginarme a mi hijo pasando sus días en este entorno. No quería que fuera uno de esos niños tirados en el suelo, llorando. No quería que se sentara en un cubículo e intentara emitir sonidos lo suficientemente perceptibles como para recibir pequeños trozos de caramelo, galletas y papas fritas como recompensa. Vi sillas de ruedas, andadores y bicicletas especiales alineadas contra la pared y quise correr tan rápido y tan lejos de allí como pudiera.

La directora fue muy amable. Al parecer, ya había visto esta reacción antes y estaba capacitada para consolar a las madres que perdían la cabeza en sus pasillos. Me escoltó a la oficina de la coordinadora escolar, donde me dieron pañuelos y agua. Me presentó a la trabajadora social y luego me pidió que me sentara con ellas para hablar. Sentí comprensión por parte de cada uno de ellos, pero no compasión. Me di cuenta de lo agradable que era ser comprendida en lugar de ser objeto de compasión.

Mientras me aseguraban de que se trataba de una reacción común, me ofrecieron explicaciones sobre lo que había visto. Luego, la trabajadora social puso una pila de fotos de plástico sobre la mesa. En el reverso de cada foto había pequeños puntos de velcro. Me entregó una tira de plástico gruesa con tres trozos de velcro, con las correspondientes palabras "Yo quiero_____" impresas en ella. A continuación, metió la mano en el montón de fotos de plástico que había sobre la mesa y sacó una de ellas.

Sobre el primer pedazo de velcro que tenía en la mano, colocó un dibujo de la palabra "Yo". Sobre el segundo trozo de velcro, colocó la palabra "quiero". Dejó el tercer trozo de velcro vacío y luego me explicó que esta frase, "Quiero _____", es la más importante del mundo para los niños con autismo que no son verbales, ya que se les hace posible comunicar sus deseos y necesidades seleccionando un dibujo apropiado. Me reconfortó la pasión de su voz y le agradecí la certeza de esperanza que me ofreció.

A pesar de mi sorpresa y horror ante la introducción a la educación especial, Sean se adaptó valientemente. Le encantaba la atención y la estructura. Le encantaba la escuela y esperaba con impaciencia el momento de montarse en su pequeño autobús amarillo cada día. Sus avances eran leves y sólo se reconocían por las observaciones de los más devotos entre nosotros. Aprendió a sentarse en incrementos de 30 segundos y esperábamos que llegara a sentarse en incrementos de un minuto. Se le entrenó intensamente para ir al baño en incrementos de 15 minutos. Se le persuadió, incitó, insistió, persistió, y urgió a hacer sonidos, a seguir instrucciones y a imitar comportamientos apropiados.

Durante ese tiempo, empecé a ser la anfitriona del grupo de madres de Más a la Vida. Nos reunimos alrededor de la mesa de mi cocina para nuestro primer encuentro y nos encariñamos las unas con las otras. Sin palabras, el contacto visual fue suficiente para que nos conectáramos a un nivel que ni siquiera sabíamos que existía hasta que llegamos allí. Lo compartimos todo. Nuestras esperanzas, decepciones, miedos y peores pesadillas se convirtieron en temas de discusión, impulsos para la oración y una fuente de gran gracia para cada una de nosotras. Estas mujeres se convirtieron en mis hermanas de corazón. Sus hijos eran mis hijos. Sus esperanzas eran las mismas que las mías. Queríamos niños sanos.

Los profesores de educación especial se convirtieron en mis héroes y el personal que se ocupaba de la atención directa se convirtió en mis SUPERHÉROES. Desde los pacientes, conductores de autobús, hasta los compasivos directores, el trabajo que hacen es honorable. Nunca hubiese elegido esta vida para mí o para mi hijo, pero estos increíbles seres humanos han elegido vivir diariamente en el mundo del autismo. Nuestro Seany ha sido educado y cuidado por los mejores. Cada año, su personal se convirtió en su "mamá de la escuela". Nunca tuve que preocuparme por el abuso o la negligencia cuando estaba en su presencia porque sabía que eran ángeles que lo cuidaban. Gracias a la señorita Ruth, Francesca y Deb.

Sean nunca llegó a dominar la tira de frases "YO QUIERO _____", pero sus avances son incontables. Cada onza de logro para él, vale su peso en oro puro.

Lugares ocultos

Durante los numerosos ingresos de Sean en el hospital, mi marido se retiraba a la capilla a orar mientras yo iba a la cafetería a comer. Fue allí en donde descubrí el consuelo de los carbohidratos. Siempre me han gustado los pasteles, pero no fue hasta que a mi hijo le diagnosticaron el raro trastorno convulsivo que en múltiples ocasiones estuvo a punto de matarlo, que desarrollé una necesidad de vida o muerte por los pasteles.

Me escondí en la comida, Gary se escondió en el ministerio, y a veces compartimos nuestros escondites. Sabía, desde fuera, que el ministerio tenía mejor aspecto para los que observaban. Intentaba ser espiritual y visitar la capilla, pero siempre terminaba en la cafetería. Estoy segura de que Jesús habría llenado el gran agujero de mi corazón si no lo hubiera llenado ya de puré de papas y helado.

Durante una de las hospitalizaciones, Gary se fue a la capilla a orar, y Sean entró en un episodio de estado convulsivo. Yo, sola, me quedé impotente mientras veía a los médicos y a las enfermeras trabajar para salvarle la vida. Llamaron a mi esposo repetidamente y regresó justo cuando me sacaron de la habitación para que pudieran entubar a nuestro hijo, paralizarlo y colocarle un respirador. Gary, por supuesto, lamentaba haberse perdido el trauma, pero no podía esperar a contarme su aventura ministerial ocurrida en la capilla y cómo estaba seguro de que Dios estaba allí con nosotros.

Gary procedió a contarme una historia increíble sobre cómo vio a otro hombre orando en la capilla y como se acercó al hombre, le impuso las manos y el hombre recibió el Espíritu Santo. Mientras Gary compartía su historia conmigo, todo lo que pude pensar fue: "Bien por él... Bien por ti. Estoy segura de que Dios está muy orgulloso de ti, pero tu hijo casi muere aquí y yo estaba sola. Dios estaba contigo en la capilla, pero no estaba en la sala de trauma con Sean".

Gary a menudo encontraba oportunidades para ministrar orando con otras familias en el hospital. Caminaba por los pasillos, mirando en las habitaciones y escudriñando los rostros de aquellos que necesitaban desesperadamente que Dios los sanara y consolara. Reconocía la súplica silenciosa en los ojos hinchados de los padres que rogaban a Dios que permitiera vivir a sus hijos. Nadie rechazaba la oración.

Recuerdo el sonido de la agonía. El niño que estaba en la cama junto a Sean acababa de regresar de una cirugía en la que le habían hecho una biopsia. Estaba acostado boca abajo, durmiendo cómodamente acurrucado en su almohada, con su madre y su padre a ambos lados de la cama. Cuando se cerró la cortina, pudimos oír como el médico informaba a sus padres de que el tumor era maligno. No puedo describir el lamento que resonó en esa habitación y en todo el piso, mientras su madre asimilaba el golpe de un diagnóstico de cáncer. Gary y yo nos abrazamos, llorando por ellos y sintiendo el dolor de sus lamentos.

Lo que más recuerdo de esas hospitalizaciones es que me sentía completamente sola. No era porque la gente no estuviera físicamente presente. Había gente. Mi marido estaba allí y nuestros padres venían a menudo. La familia y los amigos nos llamaban por teléfono para ofrecernos su apoyo, pero por muchas palabras de consuelo que nos ofrecieran, yo me sentía sola. Me había encerrado en mí misma y me había apagado por completo.

Durante muchos años, me enfadé con la gente por no visitarnos. Nunca llegaron tarjetas, flores o globos. Hoy entiendo por qué muchos de nuestros familiares, amigos, hermanos y hermanas no hicieron nada, y me arrepiento de no haberles invitado a compartir nuestro dolor, o de no haberles acogido para que nos ayudaran a llevar parte de la carga. Los necesitaba desesperadamente, y necesitaba a Dios, pero mi corazón se había convertido en una piedra. ¿Cómo podía saberlo alguien? Siempre parecía que estaba bien. En cada viaje en ambulancia, en cada visita a la sala de emergencias y en cada admisión al hospital, mi cabello estaba recogido y mi ropa combinaba. No importaba lo que ocurriera a mi alrededor, yo estaba tranquila, serena y cooperativa. Mi actitud mostraba una gran fe, mi boca pronunciaba las oraciones adecuadas y mi vida emanaba inspiración. Nadie podía saber la agonía que asolaba mi interior.

Después de años de esconderme en la comida, desarrollé una cantidad indescriptible de vergüenza. Los sentimientos de auto desprecio se convirtieron en mi mejor amigo mientras el carrusel emocional giraba en círculos, llevando mi odio-esperanza-fracaso-esperanza-fracaso-odio-fracaso. Daba vueltas y vueltas, una y otra vez, hasta que físicamente, me vi arrastrando 100 libras de exceso de grasa repugnante y llena de huecos. Me sentía miserable, sola y muy avergonzada de la mujer que veía en el espejo. Sabía que tenía que cambiar, pero no sabía cómo.

Llámame Bart

"Y oyendo que era Jesús nazareno, comenzó a dar voces y a decir: ¡Jesús, Hijo de David, ten misericordia de mí! Y muchos le reprendían para que callase, pero él clamaba mucho más: ¡Hijo de David, ten misericordia de mí!"
Marcos 10:47-48

Era la hora de mi visita anual al médico, así que fui a ver a la Dra. Z. Me recibió con sus habituales sonrisas y cumplidos. No me había visto desde el diagnóstico de Sean, y cuando preguntó por su estado de salud, empecé a sollozar inapropiadamente. Me escuchó con empatía, tomó mi mano con delicadeza y me acarició la espalda mientras le contaba la lamentable historia de su reciente pérdida de lenguaje, la continuidad de sus convulsiones y el aumento de la agresividad y el retraimiento de nuestro mundo. Cuando terminé de hablar, me sequé los ojos y me soné la nariz; me entregó una receta de Prozac y la tarjeta profesional de un psiquiatra con el que me recomendó que hablara.

Salí de su despacho con una sensación de esperanza. Tenía un arma secreta en mi bolso: un plan de respaldo. Después de todo, había estado orando para que Dios me ayudara a sobrellevar mi dolor, pero Él no estaba haciendo un buen trabajo, en lo que a mí respecta. Sin embargo, estaba dispuesta a darle unos días más. Era viernes cuando vi al médico y le dije al Señor que no surtiría la receta ni llamaría al psiquiatra hasta el lunes. Le di a Él hasta el domingo a medianoche para arreglarme.

Mientras me preparaba para ir a la iglesia el domingo por la mañana, mis expectativas eran muy bajas e iban en declive a cada minuto mientras intentaba vestir a los niños y prepararlos para llevarlos. La iglesia se había convertido en una tarea. Era una prueba de resistencia emocional y física para mí dos veces por semana. Mi esposo era el asistente del pastor, yo era la líder de las damas, y juntos servíamos como líderes de los jóvenes. Teníamos serias funciones y responsabilidades que cumplir. El ministerio era nuestra vida y la iglesia era vital, pero Sean odiaba la iglesia.

Todo en la iglesia era diametralmente opuesto a las necesidades sensoriales de un niño autista. La música era demasiado fuerte para él, la gente era impredecible y todos se abrazaban y tocaban cuando decían "Alabado sea el Señor". Los servicios eran largos. El servicio de adoración duraba una hora, la predicación duraba una hora, y la clausura solía durar una hora.

Sean era incapaz de permanecer sentado durante cinco minutos, y mucho menos durante tres horas. Lo sostenía en mi regazo, luchando durante un rato. Luego lo bajaba y lo perseguía. Luego lo llevaba a una habitación vacía y lo distraía con meriendas. Así era como actuábamos en la iglesia. Era absolutamente agotador.

Pedí y a veces incluso supliqué ayuda. De vez en cuando, una dulce hermana intentaba ayudarme, pero nunca salía bien ni duraba mucho. Sean lloraba, gritaba, pateaba, golpeaba y pellizcaba. Luego salía corriendo a toda velocidad por el santuario o intentaba escapar por la puerta principal hacia la calle. A veces le daba un ataque.

La gente quería ayudar, pero no sabía cómo. Yo tampoco sabía cómo ser ayudada. Cuando sugerí la formación de personal de enfermería, una joven especial me recordó que no debía esperar que la gente dejara sus vidas para atender la mía. Semana agotadora tras otra, me aferré a mi vida en solitario.

Ese domingo en particular, esperaba desesperadamente que las cosas cambiaran. Llevé la receta de Prozac y la tarjeta de presentación del psiquiatra para ofrecerlas ante el Señor. Sabía que estaba al límite de mis fuerzas. Hacía mucho tiempo que no sentía un progreso en mi vida espiritual. Había llorado y orado mucho, pero no había tenido un quebrantamiento en el altar durante meses. ¡Necesitaba tiempo en el altar!

El servicio fue particularmente pentecostal ese domingo. Estaban teniendo un servicio explosivo, como una fiesta santa. Gary estaba en la plataforma, saltando hacia arriba y hacia abajo. Otros hermanos y hermanas estaban saltando, gritando, corriendo y adorando por todas partes, y de todas las maneras.

Sean y yo estábamos en la última fila, luchando, y comencé a contemplar mis opciones. Sabía que ya había tenido suficiente. Quería salir. Tan pronto como pudiera meter la mano y tomar mi bolso que una tal hermana (que estaba tirada en el Espíritu) le había caído encima, nos íbamos y no volvíamos.

Finalmente vi que ella se movió, y procedí. Tomando mi bolso y la bolsa de pañales de Sean, comencé a caminar por el pasillo. Estaba a unos metros del santuario cuando oí que me llamaban desde la plataforma. "Hermana Denise, por favor venga al frente de la iglesia. Queremos orar por usted".

"¡Tienes que estar bromeando! ¡Ya terminé con esto!" pensé.

Obedientemente me di la vuelta y me dirigí al frente del santuario pensando: "Bien, terminemos con esto". Para mi sorpresa, toda la congregación pareció levantarse de sus asientos y ponerse detrás de mí, acercándose en señal de apoyo. El pastor empezó a decir lo mucho que significaba para todos y lo mucho que me querían. Empecé a abandonar mi actitud negativa y mis defensas. Entonces llegaron las lágrimas. El llanto se convirtió en sollozo y luego en lamento. Empecé a gritar con todas mis fuerzas: "¡Jesús, JESÚS!". Cada vez más fuerte, en pura desesperación y agonía, invoqué el nombre del Señor. Finalmente caí de rodillas completa y totalmente rendida al sentir Su Presencia.

Habiendo sido cegada espiritualmente por mis dolorosas circunstancias, no podía ver al único que podía ayudarme. Jesús escuchó mi clamor y vino a rescatarme. Llegué al altar y Él me curó allí.

Creo que la terapia es útil y los medicamentos son necesarios a veces para estabilizar las sustancias químicas en el cerebro, pero no tuve necesidad de llenar mi receta de Prozac o llamar al psiquiatra después de ese día.

Mi otro niño

Aaron ha sido el niño ideal y especial en todos los sentidos, excepto con los que clasifican a su hermano como "especial". Era un bebé increíblemente dulce que cumplía con cada objetivo (ya fuera grande o pequeño) con sonrisas, risas y alegres victorias. Desde gatear, caminar, hablar, leer y escribir, hasta todo lo que se supone que debe aprender un niño, lo dominaba todo con facilidad.

Los días se convirtieron en años mientras lo veía, con orgullo y alegría, convertirse en un ser humano inteligente, compasivo, divertido, apuesto y verdaderamente hermoso. Ha sido cariñoso y leal con su hermano. Aaron ha cuidado de Sean toda su vida. Le ha cambiado los pañales, le ha limpiado la comida de la cara y le ha vestido para la iglesia muchos domingos para ayudar a mamá. Siempre ha estado ahí para todos nosotros.

Pienso en aquellos primeros años de su infancia, cuando las ambulancias venían a llevarse a su hermano. Mamá y papá lo dejaban en casa de la abuela durante varios días; él era afortunado de tener unos abuelos cariñosos a los cuales siempre les alegraba cuidarlo. Sé que disfrutaba enormemente del tiempo que pasaba con ellos. Lo colmaban de atenciones, veían sus películas favoritas de Disney con él y le daban comidas sanas y dulces, intentando llenar el vacío de la ausencia de su familia.

Recuerdo su vocecita de 4 años preguntándome: "¿Se va a morir Sean, mamá?". Para mi horror, luego admitió: "Quiero que se muera para que siempre estés conmigo". Oh, cómo me dolió escuchar esas palabras. Sé que él también era todavía un bebé y sólo sabía que quería a su mami. Sentí tanta culpa por haberlo dejado tantas veces.

Ni siquiera los mejores cuidados de abuela y abuelo podían sustituir el amor y la atención que necesitaba de mí. Aaron no tenía la seguridad que una vida hogareña estable otorga a un niño.

No puedo evitar preguntarme qué efectos tendría esta educación "especial" en la vida de Aaron. Ha habido momentos durante su adolescencia en los que parecía resentir las constantes exigencias de Sean. Se retiraba a su habitación o pasaba horas en casa de su mejor amigo, Kyle, donde podía estar libre de ruidos extraños y de la obligación de cambiar pañales. Le encantaba estar con una familia "normal" y disfrutaba de ese descanso fuera de nuestro hogar afectado por el autismo. Estoy agradecida de que haya tenido un punto de refugio, en donde esa familia le proporcionó a mi hijo esperanza y le inculcó una fe renovada para su futuro.

Nadie sabe qué le deparará el futuro a mi otro hijo, Aaron, mi precioso y amable hijo que es tan sensible a las necesidades de los demás. No tengo ninguna duda de que Dios ha planeado su vida perfecta y exactamente como debe ser, incluyendo a su hermano. Quizá un día vea la bendición y se dé cuenta de que es un mejor ser humano, no a pesar de su amor por Sean, sino gracias a él.

A la futura esposa de Aaron,

Todavía no nos conocemos. No sé tu nombre ni de dónde eres. Estoy casi segura de que tu pelo es castaño. Eres ingeniosa y dulce, con un toque de mandona y un buen sentido de la moda. Eres inteligente, tal vez peculiar, y sensible. Eres una buena joven de la iglesia, fiel, que ora y es amable. Eres una verdadera cristiana, cariñosa y leal a tu familia, amigos y compañeros. Estás completamente enamorada de Jesús y de este increíble joven, Aaron.

Bienvenida al clan Wynn. Seguramente te han advertido que nuestra familia es diferente y espero que hayas considerado los retos a los que te enfrentarás al formar parte de nosotros. El único hermano de Aaron está profundamente afectado por el autismo y así son nuestras vidas. Puede que no notes los efectos en ti personalmente o en tu matrimonio durante muchos años, pero sé que algún día los notarás.

Prometo ser una suegra fantástica. Dios me dio dos niños y, aunque no podría quererlos ni un ápice más, he anhelado tener una hija con la que compartir la vida. Espero que pasemos muchos momentos felices juntas. Puedes contar con que estaré ahí para ti sin importar la necesidad. Haré todo lo posible por ti.

Tengo la intención de vivir una vida larga y saludable o encontrarme con Jesús en el aire cuando suene la trompeta, pero si Dios elige una ruta alternativa para mí, voy a necesitarte. Si me vuelvo loca, o me da demencia o me muero, realmente voy a depender de ti para que estés ahí para mis hijos, para los dos.

Oro para que tengas un gran corazón lleno de amor y un gran sentido de humor.

Por favor, cuida de ellos por mí.

Con amor,
Mamá

Caca, pintura y otros desastres

Los desastres más comunes se producen con la orina. Sí, me refiero a esa función corporal. Sean usa pañales. Ha estado en un programa de entrenamiento para ir al baño desde que tenía dos años, pero todavía no ha dominado la habilidad. De alguna manera, llena sus pañales más allá de su capacidad y siempre gotea. También moja su pijama y la ropa de cama por la noche, y luego viene a mi cama en donde moja su nueva pijama y mis sábanas. Tenemos un montón de ropa sucia por los desórdenes de la orina.

Luego tenemos el siguiente desorden de fluidos corporales: la sangre. Sean hace un falso estornudo que acaba provocando un sangrado nasal. Me desmayo al ver sangre, así que me resulta difícil limpiar estos regueros yo sola. Gary suele limpiar los sangrados nasales. Sean también tiene un problema con dejar que las picaduras de insectos o las heridas se curen. Se rasca las costras hasta que sangran. Se quita los puntos y abre las incisiones quirúrgicas, y sí, sangran. Y sí, me he desmayado. El pobre Gary a menudo nos cuida a mí y a Sean al mismo tiempo.

La noche en que operaron a Sean para cambiarle la batería del Estimulador del Nervio Vago (VNS, por sus siglas en inglés), lo encontré en la cocina. Se había abierto la incisión de diez centímetros en el pecho rascándose y tirando de ella, según se veía en la sangre que tenía en sus dedos. Respiré hondo y llamé a Gary a gritos. Vino corriendo, preso del pánico, en estado de alerta, tropezando y mareado por haber sido despertado en mitad de la noche por mi grito. Mientras él empezaba a ocuparse de Sean, yo me dirigí al pasillo con la intención de coger el teléfono y llamar al médico para pedirle consejo. Recuerdo que la habitación daba vueltas y me senté en el borde de la cama. Gary dijo que había oído un fuerte golpe y supo inmediatamente que me había desmayado. Me desperté en el suelo con Gary mirándome con lástima y diversión, sosteniendo la mano ensangrentada de Sean.

De todos los desórdenes de fluidos corporales, sin embargo, es la caca la que más me afecta. No sé qué es, pero la caca me lleva al límite. Estoy bien si la caca se limita al trasero o al inodoro, pero cuando se extiende a las paredes y al suelo, me vuelvo loca.

Una mañana, mientras limpiaba la casa, dejé a Sean solo en su habitación, viendo un vídeo y jugando con las piezas de un rompecabezas en el piso de su habitación. Durante mi ausencia, evacuó una gran cantidad de caca y se quitó el pañal. A continuación, pisó repetidamente la caca mientras caminaba por toda su habitación. Cuando volví para ver cómo estaba, abrí la puerta y vi cientos de huellas de caca por todo el suelo y un olor indescriptible.
Sabía que iba a estallar, así que llamé a mi esposo tan rápido como pude, antes de que mis gritos se impusieran. No sé qué escuchó en mi voz, pero llegó a casa en minutos y tuvo que llevarse a Sean a algún sitio, probablemente a casa de mi madre (mis padres son los primeros en responder a todos nuestros dramas). No sé dónde estaba, pero se había ido.

Recuerdo vagamente estar de manos y rodillas, rodeada de cubos de agua, jabón y toallas. Lanzaba unos extraños gemidos mientras limpiaba, perdiendo la cabeza con cada trapo lleno de caca.

Después de hacer todo lo posible por limpiar el repugnante desorden, llené mi bañera, me metí, metí la cabeza bajo el agua y no quise salir. Gary entró y me dijo que su madre estaba de camino para ayudar a limpiar el desastre. Luego me pasó el teléfono. Había llamado a Cindy, mi mejor amiga y terapeuta. Me dijo: "Hola, ¿qué haces?". Su apertura habitual a cada conversación que hemos tenido por teléfono durante casi 20 años.

"Estoy en la bañera planeando ahogarme", respondí. Entonces me reí, porque sólo ella puede hacerme reír de nada y de todo.

"Voy a venir a ayudar con la caca", dijo.

"No hace falta". le dije. "Mi suegra está en camino".

Cindy se sintió aliviada, estoy segura. "Entonces, ¿qué tal si te damos un poco de aire fresco, amiguita?"

Sí, eso era justo lo que necesitaba. Saber que mi marido, mis padres, mis suegros y mi querida mejor amiga estaban ahí para mí, me sacó de la bañera y me devolvió la cordura una vez más.

Me senté con Cindy en un banco a la salida del restaurante Applebee's y apoyé mi cabeza en su hombro todo el tiempo que necesité, sin importarme la locura que pudiera parecer a los demás. Me sentí completamente agradecida de no haberme vuelto realmente loca. ¡Eso estuvo cerca!

Después de estas experiencias con la caca, se podría pensar que limpiar los potes vacíos de pepinillos salpicados sería un trabajo sencillo. Pues no. Mi hijo ha creado desórdenes que he tenido que retroceder, calcular y luego planificar las posibles opciones de limpieza. Algunos de ellos incluyen aderezo Ranch en las paredes, jabón de manos en el techo, loción corporal en las ventanas, y un galón de leche esparcido por el suelo y goteando en las rejillas de la calefacción. Sean se encapricha con las botellas vacías y el contenido de cada una de ellas siempre debe ser eliminado mediante el vertido y la agitación hasta que esté satisfecho porque está vacía. Entonces se lanza a la búsqueda de la siguiente botella.

Sean nunca ha dormido bien y, de alguna manera, encuentra formas de ocuparse durante la noche. En una de esas noches, encontró una caja frascos de Crayola para pintar con los dedos. Vació todos los frascos y todos los colores, creando un increíble diseño gráfico psicodélico por toda su habitación. Las paredes, el suelo, los muebles, la ropa de cama, las cortinas y, sí, su cuerpo, de pies a cabeza, estaban cubiertos de pintura amarilla, azul, roja, morada y verde. Gary cogió la cámara de vídeo y empezó a filmar a Sean y el desastre que había creado. Comenzó a reírse del placer inconsciente de Sean y de la ridiculez de todo ello. Traté de encontrar la risa mientras intentaba imaginar alguna manera de limpiar el desastre, pero no pude.

Presentamos una reclamación al seguro, tiramos todos los muebles dañados y volvimos a pintar la habitación. Más tarde, recibimos un cheque del seguro por valor de 1,700 dólares para cubrir el costo de las reparaciones. Recuerdo claramente haber sonreído cuando llegó el cheque y me he reído muchas veces al contar esta historia.

Golpes, moretones y huesos rotos

"Señor, ten misericordia de mi hijo, que es lunático, y padece muchísimo;
porque muchas veces cae en el fuego, y muchas en el agua."
Mateo 17:15

La vida con un trastorno convulsivo es imprevisible en el mejor de los casos y traumática en el peor. Estoy convencida de que sufro una forma de Trastorno de Estrés Postraumático (TEPT) causado por algunas de las peores convulsiones que hemos experimentado. Cualquier señal de un espasmo, un gemido extraño, un tropiezo o un movimiento rápido puede hacerme entrar en pánico. Mi hijo ha tenido convulsiones en todas partes: en el coche, en la bañera, en el colegio, en la iglesia, en el autobús, mientras caminaba, sentado, de pie, durmiendo y nadando. Lo que sea. Hemos sufrido el verlo con un ataque en medio de estar haciendo cualquier cosa. Han sido mucho los moretones, cortadas, torceduras, huesos rotos, ojos amoratados, y hasta una quemadura de segundo grado.

La mayoría de las veces, gracias a Dios, sus convulsiones no le hacen daño, pero hemos tenido algunos problemas. La primera lesión seria fue causada por una convulsión sobre piedras en un estacionamiento del parque, lo cual requirió una visita a la sala de emergencias y diez puntos sobre su ceja derecha. Esto nos hizo pensar en la importancia de proteger su cabeza y su cara de futuras lesiones, así que pedí un casco de goma espuma de un catálogo para personas con necesidades especiales.

El día que llegó el casco fue un día triste para mí. Sin quererlo, estaba admitiendo que este trastorno convulsivo formaría parte de nuestro diario vivir. Los espantosos, feos y peligrosos espasmos, temblores y caídas habían llegado para quedarse y teníamos que proteger la cabeza de Sean. Lo único divertido de este casco era que Sean se parecía a Elmer Fudd cuando se lo poníamos en la cabeza. "¡Shhh, estoy cazando conejos!" Me reí hasta llorar. Y luego sólo lloré.

No se produjeron más lesiones en la cabeza, salvo la única vez que nos olvidamos de ponerle el casco a Sean porque estábamos paseando con él. Se había puesto inquieto durante un culto en el campamento de secundaria, así que lo sacamos a pasear por el recinto. Los dos soltamos a Sean durante unos segundos y éste se nos adelantó y cayó de cara contra el pavimento. Hubo otra visita a la sala de emergencias, pero milagrosamente no se rompió ningún hueso, ni perdió ningún diente, como tampoco le dieron puntos. Sin embargo, los moretones eran horribles. Se le hincharon los dos ojos y tuvo la cara negra y azul durante semanas. Pueden estar seguros de que, desde ese momento, estas palabras resonaron en mi cabeza: "¡¡¡Casco puesto!!!"

Con su cabeza y su cara protegidas, ahora sólo teníamos que preocuparnos de las extremidades y de todas las demás partes del cuerpo. Se ha roto los dedos de los pies y de las manos y el brazo derecho. El brazo roto ni siquiera le molestó, salvo que quería que le quitaran el yeso. Su tolerancia al dolor es increíble. Todavía intentaba cargar objetos pesados, como un galón de leche, con ese brazo roto. Usó su brazo enyesado durante las ocho semanas y a veces lo utilizó como arma, dejándonos bien golpeados.

Un domingo por la mañana, mientras me preparaba para ir a la iglesia, dejé la pancha desatendida por un momento, sobre la tabla de planchar. Oímos un golpe y un grito, y luego mis gritos llenaron la habitación cuando vimos a Sean tendido en el suelo, convulsionando, con la plancha caliente entre el hueco de su brazo. Eso requirió un viaje en ambulancia y semanas de tratamientos para las quemaduras.

No hay manera de describir adecuadamente los golpes y moretones que mi hijo ha soportado, o el dolor y las lesiones que ha manejado con el valor de un guerrero ninja. Hubo muchos momentos en los que la aparente injusticia de sus lesiones me enfureció. El trastorno convulsivo es algo que realmente me enferma, pero sé que tiene una malformación cerebral que provoca la epilepsia, así que acepto que se produzcan los ataques. Las lesiones, sin embargo, me parecen algo sin sentido. Espiritual y emocionalmente en mi mente de mamá, no entiendo por qué un niño inocente tiene que sufrir.

Una noche en particular, me sentía bastante acongojada. Era casi medianoche. Sean estaba teniendo una semana horrible de constantes ataques, cuando sentí que el Señor impulsaba mi espíritu a ver la película: La Pasión de Cristo. No quería verla. Era tarde. La película es larga, y verla una vez era bastante difícil para mí. Ni siquiera pude ver la escena de los azotes.

Intenté ignorar el impulso mientras me dirigía al pasillo para ir a la cama. De nuevo, me sentí impulsada a ver la película. Más concretamente, el Señor me pidió que viera la temida escena de los azotes.

"Bien, sé que Dios está hablando en serio", me dije. Encontré el DVD y lo puse en el reproductor. Cuando empezó la película, la adelanté casi toda y me detuve en una escena con María. Sentí que Dios me decía: "Mira esto desde la perspectiva de una madre".

Así que lo hice.

Vi al hijo de María mientras lo arrastraban al patio, se burlaban de él, lo abofeteaban, lo azotaban y lo golpeaban hasta dejarlo irreconocible. Vi la carne del inocente niño de María desgarrada mientras su sangre se derramaba por el suelo, y pensé: "¡Dios me perdone! No hay absolutamente nada en mi vida tan desastroso, tan doloroso o injusto".

Mientras María se arrodillaba en el patio y empezaba a limpiar la sangre del suelo, sentí su angustia. Podía oírla pensar: "¿Por qué te han hecho esto, mi niño inocente?". Sin entender por qué y sin saber si su hijo estaba vivo o muerto, María continuó limpiando Su sangre del pavimento de piedra, sabiendo que Su sangre era demasiado preciosa para dejarla en el suelo, y demasiado sagrada para desperdiciar una sola gota.

Me doy cuenta de que este no es un relato bíblico real registrado en el evangelio, pero mi comprensión emocional de lo que se representó en esta escena fue esta: No sé por qué te han golpeado, por qué te han maltratado, o por qué se ha derramado tu sangre, pero no permitiré que se desperdicie ni una sola gota.

María me sorprendió. ¿Cómo no corrió por las calles, gritando como una loca? ¿Cómo se sentó a sus pies mientras él colgaba de la cruz y no actuó como una madre loca? Yo habría estado pisoteando al pie de la cruz, gritándole a Jesús que bajara de allí. Le habría exigido que dijera una palabra y lo cambiara todo, como había hecho tantas veces antes. Le habría pedido que convocara a un ejército de mil ángeles para que entrara corriendo y destrozara la ciudad. Pero María no hizo nada de eso. Simplemente se sentó a llorar y a esperar lo que vendría, confiando plenamente en Dios.

El tipo de confianza de María era diferente al mío. Yo sólo sabía que Dios lo haría a mi manera y que lo haría todo mejor para mí. María confiaba en Él incondicionalmente, sin importar cómo, qué o por qué.

Mientras veía las escenas de esta película desde la perspectiva de una madre, le rogué a Dios que me perdonara. Luego, mis oraciones cambiaron a un lugar de rendición. Le pedí a Dios que me mostrara cómo confiar completamente en Él con Sean. Le pedí que me ayudara a no desperdiciar la angustia, el dolor y el sufrimiento, sino a darle de alguna manera un propósito, un poder y un significado.

Manos que hablan

Cuando Sean perdió la capacidad de comunicarse a través de las palabras, empezó a utilizar sus manos para hablar. No, no aprendió el lenguaje de señas para comunicar sus necesidades. Más bien, se comunicaba golpeando, abofeteando, pellizcando, tirando y dando puñetazos.

Una bofetada y un pellizco de un niño de dos años eran molestos, pero a medida que el niño crece, la fuerza de los golpes y el resultado del contacto físico empeoran considerablemente. Esperamos demasiado tiempo para hacer frente a ese comportamiento. Estábamos tan consumidos por las convulsiones y por aprender a vivir con el autismo, que cedimos a los molestos pellizcos y bofetadas. Sean aprendió que conseguiría lo que quería si nos golpeaba el tiempo suficiente.

La agresividad se convirtió en una fuente constante de estrés para la familia. Nuestro sistema de apoyo disminuyó a medida que los que lo cuidaban renunciaban a ayudar, debido al maltrato que recibían al tratar de prestar cuidados a Sean. Todos nuestros amigos y familiares que han pasado tiempo con él tienen una cicatriz o un recuerdo claro de una buena bofetada que recibieron de sus expresivas manos.

Algunos días eran insoportables. Ocho horas pueden parecer ochenta cuando estás soportando constantes altercados físicos. Los peores días se vivían cuando el colegio estaba cerrado. A Sean le encantaba la escuela y su rutina era el componente más importante de cada día. Cuando el autobús escolar se retrasaba, todo su día estaba descontrolado y la agresividad aumentaba. Cuando la escuela estaba cerrada, todo el día estaba "fuera de lugar" y la agresividad era intolerable. Las vacaciones de verano eran una pesadilla anual de días de ochenta horas, noches sin dormir y palizas interminables. Los días de vacaciones se temían y nunca se celebraban, porque todos sabíamos lo que nos esperaba.

Con los años, Sean perfeccionó su técnica de pellizcar y tirar hasta el punto de arrancarnos la piel en largos trozos de las manos, los brazos y la cara. También aprendió nuevas formas de utilizar su enorme fuerza dándonos cabezazos y patadas. A medida que crecía en su estructura de 6 pies y 190 libras, hubo golpes que pensé que me matarían. Aaron y Gary recibieron muchas palizas, siempre tratando de protegerme a mí, a quien Sean parecía querer y maltratar más. Gary me rodeaba con sus brazos para desviar los arañazos de mi cuerpo al suyo. Aaron intentaba distraer a su hermano con películas o sacarlo de la habitación para que pasara "tiempo afuera". Este comportamiento estaba completamente fuera de nuestro alcance. Nada funcionaba para disminuir la agresividad. Lo intentamos todo, desde la modificación del comportamiento hasta la medicación. Nada funcionó.

Llevar a Sean en el coche se convirtió en un grave riesgo. Le encantaban los paseos en coche, pero se ponía agresivo si pasábamos por un restaurante de comida rápida sin detenernos a comer. Empezaba a decir "come, come", mientras me tiraba del pelo, me pellizcaba los brazos y me pellizcaba el hombro desde el asiento trasero.

Un día, después de soportar repetidas patadas en la cabeza, finalmente compramos un minivan con un tercer asiento, donde Sean podía sentarse sin poder alcanzar el asiento del conductor.

Vivir con el habla de las manos era insoportable, pero vivir así era nuestra única opción. Parecía que nadie tenía respuestas. La improvisación se convirtió en nuestra fuente de existencia. Día tras día nos las arreglábamos lo mejor que podíamos. Estábamos agradecidos por la ayuda de la familia y los amigos los fines de semana y las vacaciones escolares, pero nos daba mucho pesar el maltrato que sufrían.

Mi madre siempre decía: "No dio ningún problema", mientras papá quedaba con vendas en los brazos heridos.
Rachel aprendió a llevar mangas largas cuando le tocaba cuidarlo, y Nancy le hacía doblar la ropa para ocupar esas fuertes manos; luego corría en círculos por la casa para evitar las dolorosas bofetadas de Sean. Los ayudantes de salud a domicilio pagados nos sermoneaban sobre cómo ser mejores padres y dejaban de aceptar asignaciones en la residencia Wynn.

El Dr. Dave fue el primero en sugerirnos que considᴇráramos ingresarlo en una residencia. Durante una visita rutinaria al pediatra, Sean trató de sacar artículos de la nevera de las vacunas. "¡Jugo!", repetía mientras tiraba de la puerta y vaciaba los frascos de los estantes. Después de que se requirió de cinco miembros del personal para sacar a Sean de la habitación, de una fuerte patada en la mandíbula del Dr. Dave y de un combate en el pasillo, finalmente conseguimos meterlo en el vehículo. Una vez que la puerta del vehículo se cerró, el Dr. Dave me pasó la mano por el hombro y me dijo que era hora de considerar el futuro de Sean. Me dijo: "Has vivido así durante tanto tiempo que ni siquiera sabes lo que es una vida normal. No puedes seguir así". Me instó a que empezara a hacer arreglos en ese mismo momento y a que no esperara a que todo se rompiera. Recuerdo mis palabras exactas: "No puedo pensar en dejarlo ir hasta que cada día me duela tanto como esa idea".

No podía empezar a pensar en la vida sin Sean. Por muy difícil que fuera, no estaba preparada para dejar ir mi mundo loco y difícil. Pero sentía que ese día se acercaba.

Y la lluvia, la lluvia, la lluvia cayó, cayó, cayó

Sean tuvo un ataque mientras caminaba de la puerta de nuestra casa al autobús escolar en la entrada. Quedó tendió en la fría y húmeda acera hasta que llegó una ambulancia. Ya era demasiado grande para yo poder moverlo, así que me senté en el cemento húmedo junto a mi bebé de 190 libras, esperando a que se despertara, y limpiando la sangre de sus brazos donde sus nudillos habían raspado el pavimento durante su caída. Miré hacia arriba y le pregunté a Dios si podía vernos allí sentados. No hubo respuesta desde arriba, pero supe que Él nos observaba. Dejé que unas cuantas lágrimas corrieran por mis mejillas, y luego contuve el resto, como he aprendido a hacer. Me levanté para coger el teléfono celular y llamar a mi esposo. No hubo respuesta.

Entonces empezó a llover.

Entré corriendo y cogí unas mantas e intenté llamar a Gary de nuevo. Seguía sin haber respuesta. Intenté despertar a Sean, pero no respondía. Estaba temblando y poniéndose pálido y con un tono azul. Marqué el número de teléfono del 9-1-1, que ya era muy familiar para mí. Mientras esperábamos, me coloqué debajo de su cuerpo, levanté su cabeza sobre mi regazo, lo cubrí con mantas y lo protegí de la lluvia con mi cuerpo. Miré a mi hijo, todavía inconsciente, con la cara y el pelo empapados por la lluvia y luego una vez más, miré al cielo. Esta vez no le pregunté a Dios si podía vernos. Empecé a gritarle, exigiéndole, que nos mirara.

"¡Míranos! ¡Míranos! ¿Por qué no te importa?" No hubo respuesta, salvo el golpeteo de la lluvia y el ruido de las sirenas que se acercaban a la distancia.

Primero llegó la policía y luego la ambulancia. Con sirenas y todo, se abrieron paso por el largo camino de nuestra entrada. Nos saludaron con una lamentable familiaridad. Todos nos habíamos visto antes. Habían sido catorce años de escenas intermitentes como ésta. Todas variaban, según la duración de la convulsión o las lesiones que provocaba el impacto de su cuerpo contra el suelo. Con o sin previo aviso, al menos una vez a la semana, tiene un episodio de convulsiones.

Si sólo fueran las convulsiones o sólo el autismo, pero la combinación de ambos crea una vida que está lejos de ser manejable.

Siempre había dicho que no dejaría ir a Sean hasta que la vida me doliera más que la idea de dejarlo ir. La vida realmente dolió en ese momento. He estado enfadada. He estado triste. He estado insensible. He sido fría. He experimentado todas las emociones que un ser humano es capaz de sentir. Ni siquiera sabía el nombre de lo que sentía en ese momento.

Tal vez una combinación de todos esos sentimientos se entrelazó dentro de mi espíritu, ahogándome y exprimiendo el aire de mis pulmones. Respiraciones profundas involuntarias se escaparon y me salvaron de la asfixia.

Me sentí como debieron sentirse Winnie the Pooh y Piglet al ser arrastrados por las furiosas corrientes en la escena del cuento clásico "Winnie the Pooh y el día borrascoso". En mi cabeza sonaban una y otra vez fragmentos de la canción, casi de forma burlona:

Y la lluvia, la lluvia, la lluvia
bajó, bajó, bajó
en poderosos riachuelos...

Arrastradas por el torrente de aguas, al igual que yo, toda mi esperanza de curación y normalidad, toda mi determinación de mantener a nuestra familia unida, y todas mis reservas de soltar, se las llevó la lluvia aquel día.

Era el momento de buscar ayuda.

El dejar ir

Había colocado a Sean en el altar y luego lo había retirado más veces de las que podía contar. "Hoy es tu voluntad Dios. Mañana, tendré una idea mejor. Deja que me encargue yo misma. No me gusta cómo estás manejando esto Dios".

Me senté en una Conferencia de Damas en la Capilla de Willow Valley, escuchando a Diana Reed hablarnos. Su historia tuvo un final feliz, y por primera vez, empecé a preguntarme si estaba esperando, aguardando y creyendo a Dios por un milagro que no era parte de Su plan. Le pregunté a mi alma: "¿Y si Dios nunca cura a Sean?". Recuerdo que me arrodillé y pronuncié: "No es mi voluntad, sino la tuya Dios. Acepto tu voluntad".

Finalmente me había rendido.

Se podría pensar que tomar la decisión de dejarlo ir sería la parte más difícil, porque me dolió como ningún otro dolor que hubiera experimentado. No hay forma de describir los sentimientos que acompañan a la decisión de permitir que tu hijo se vaya y sea cuidado por completos extraños.

Empezamos a estudiar nuestras opciones y pronto nos dimos cuenta de que solo teníamos dos: (1) colocación en crisis, o (2) mantenerlo en casa. Nos dijeron que Sean tendría que ser admitido en un centro de crisis antes de poder obtener una colocación residencial.

Sólo había tres centros de crisis para niños. Bancroft en Haddonfield, New Jersey; estaba cerca de casa, pero nos hicieron creer erróneamente que, debido a la financiación, este centro no era una opción para nosotros. El Johns Hopkins de Baltimore (Maryland) estaba a tres horas de casa y aceptaba el seguro, pero la lista de espera era de dos años y se basaba en la urgencia y no en el orden cronológico. Luego estaba el Cumberland Hospital for Children, en Cumberland, Virginia. Estaba a cinco horas de casa. Sabíamos que sería horrible. Sabíamos que sería lo más difícil que jamás habíamos hecho y no sabía si sobreviviría sin un completo ataque de nervios. Sin embargo, no había otra manera de conseguir la ayuda que necesitábamos para Sean y para nuestra familia.

El día que decidí que el internamiento era la mejor decisión para nuestra familia, me caí al suelo. No podía orar. Sólo decía: "Dios, tú sabes...". La escritura que se movió dentro de mi ese día fue: "Esta ligera aflicción produce un eterno peso de gloria". Ríndete. Vamos, Isaac. Vamos a llevarte de nuevo al altar. Mamá está confiando en Dios hoy. Qué casualidad que estas experiencias ocurrieron sólo cuando llegué al final de mí misma, y no un segundo antes. La autosuficiencia es una gran trampa.

Nunca olvidaré la última noche de Sean en casa. Le corté el pelo y le arreglé las manos y los pies. Tomó un largo baño de burbujas en mi gran jacuzzi. Recuerdo el cuidado extra que tuve al realizar cada parte de nuestra rutina nocturna para dormir. Le di su medicina, le preparé la merienda y le lavé los dientes. Empecé a llorar, sabiendo que ésta sería la última vez que le pondría su pijama, lo arroparía en su cama y le daría un beso de buenas noches.

"Oh, Dios, ¿cómo voy a sobrevivir a esto?"

Antes de retirarnos a la cama, Gary y yo entramos en la habitación de Sean para orar. Él ya se había dormido. Estaba completamente tranquilo y no sabía que su mamá y su papá lo despertarían a las 4 de la mañana, lo llevarían a cinco horas de su casa y lo dejarían en un lugar extraño con gente extraña. Me subí a un lado de su cama, Gary al otro, y Aaron se acostó a los pies de la cama. Rodeando a nuestro eterno bebé, empezamos a sollozar y a llorar mientras orábamos por su seguridad, su cuidado, su corazón y el nuestro. Sentí angustia, temor, miedo, pánico, pena, profunda pena, la pena de la muerte.

Nos abrazamos durante mucho tiempo, sollozando. Cuando Gary finalmente me miró, dijo: "No puedo perderlos a los dos". Salió de la habitación e hizo una llamada telefónica. Cuando volvió, me dijo que no quería que fuera a Virginia por la mañana y que nuestro amigo, Steven D'Amico, se iba con él. Conocíamos a Stevie desde que era pequeño. Íbamos juntos a la iglesia y conocíamos y queríamos a su familia desde hacía años, incluida su hermana, Angela, que tiene síndrome de Down. Stevie entendía lo que sentíamos. Agradecido de que su dulce hermana se haya quedado en casa con su familia, nos ofreció su fuerza y optimismo.

Me aseguré de que las maletas de Sean estuvieran preparadas, me tomé un somnífero y me fui a la cama. Me desperté en silencio. Caminé por el pasillo hasta la habitación de Sean. Me metí en su cama, absorbiendo el olor de su aroma en la almohada, y lloré hasta que no me quedó nada. Me levanté, hice la cama y cerré la puerta. No iba a volver a abrir esa puerta en mucho tiempo.

Gary volvió a casa esa noche, con el aspecto de haber envejecido diez años. Intentó decirme que estaba bien y que Sean estaba bien, pero ambas cosas eran mentira. La salud de Gary empezó a decaer rápidamente al aparecer los síntomas de la enfermedad de Crohn. También empezó a sufrir espasmos musculares y problemas debilitantes en la zona lumbar. Sin embargo, a pesar de todo ello, siguió adelante, forzándose a sí mismo a diario para salir de la cama y entrar en el mundo en el que el ajetreo le impedía derrumbarse por completo.

A pesar de todo, hicimos ese largo viaje a Virginia cada dos fines de semana durante más de un año. Fuimos pastores de nuestra iglesia. Trabajamos en nuestros empleos a tiempo completo. Lloramos por nuestro hijo. No, Sean no murió, pero nuestros sueños para él murieron. Nuestra esperanza de que se curara murió. Nuestra fe en Dios murió.

Cada visita nos rompía el corazón más de lo que creíamos posible. ¿Cómo puede un corazón roto seguir rompiéndose? ¿Cuántos pedazos fragmentados puede contener?

El peso de Sean bajó de 190 libras a 134 libras. Estaba esquelético. Tenía arañazos y moretones. Nos ocultaba los ojos, cubriéndolos con ambas manos, sin querer mirarnos, a veces durante horas en nuestras visitas. Lo estábamos perdiendo.

No puedo describir el miedo, la duda, el arrepentimiento, la pena y la culpa asfixiante que sentía cada vez que nos alejábamos, dejándolo allí. Quería llevarlo a casa con nosotros. Quería recuperar a mi bebé. Quería sacarlo del altar. Dios no iba a proporcionarnos un carnero y yo iba a perder a mi hijo. Todo en mi quería volver a sacarlo del altar, pero no pude. Esta vez no pude. No sabía qué iba a hacer con él. ¿Cómo podría manejar la vida con Sean sin Dios? Necesitaba a Dios. Tenía que dejarlo ir. Tenía que confiar en Él.

La visión

Era un lunes por la mañana. Me dirigía al trabajo cuando recibí una llamada de la esposa de un pastor. La conocía, pero no muy bien. Lo poco que sabía era que ella era una guerrera de la oración. Me dijo que esa mañana tenía una reunión de oración con las damas de la iglesia, en su casa y que se sintió impresionada por Dios a llamarme y preguntarme si tenía alguna necesidad. Le hablé brevemente de nuestra necesidad de traer a Sean a casa desde Virginia. Entonces le pedí que orara por una colocación en New Jersey, cerca de nuestra casa.

Más tarde, esa misma noche, me llamó y me dijo que había estado luchando con sus pensamientos todo ese día, en cuanto a si debía o no decirme lo que había ocurrido en la reunión de oración. Finalmente cedió al impulso del Espíritu Santo y describió una visión que una de las damas tuvo mientras oraban por Sean. Ella describió una escena en una elaborada oficina. Era un edificio profesional con grandes escritorios de madera y adornos de madera en las paredes. Ella vio a una mujer vestida de traje, sentada detrás de un escritorio y hablando con una pareja elegantemente vestida. Oyó una pequeña parte de la conversación sobre la mudanza de la pareja y el traslado de su hijo fuera del estado. La señora no entendió esta visión ni las palabras que escuchó, pero dijo que de alguna manera sabía que la partida del niño proporcionaría una colocación para Sean.

Mientras me contaba esta visión, empecé a llorar. Aunque la visión tampoco tenía sentido para mí, sentí una confirmación en mi espíritu de que ella me estaba diciendo algo muy importante y cierto. El único centro residencial apropiado para Sean, que estaba cerca de casa, era Bancroft. Es el mejor del estado, pero no tiene ningún espacio de oficina elaborado ni madera auténtica ni gente vestida de traje.

El tiempo pasó y nuestros tristes y agotadores viajes a Virginia continuaron. Un día, mientras trabajaba, mi marido conoció a una mujer que tenía un hijo con autismo. Hablaron durante mucho tiempo. Su historia era muy parecida a la nuestra. Le contó su experiencia con su hijo y que había contratado a un abogado, por un costo de 30.000 dólares, para conseguir la colocación en un centro residencial en New Jersey.

Cuando Gary me contó su conversación, sentí que la esperanza aumentaba en mí. Cada vez que oía las palabras "colocación residencial", pensaba en la visión. Sabía que no teníamos 30.000 dólares, pero estaba segura de que teníamos que contratar a un abogado.

Finalmente, a través del amigo de un amigo, nos dieron el nombre de una abogada en el norte de New Jersey que se especializa en la ley de discapacidad. Llamé, hice la cita y en tres semanas fuimos a verla a su despacho cerca de New York. Cuando localizamos la dirección y entramos en el estacionamiento, miré un enorme edificio de oficinas. Al entrar en el edificio, me fijé en la decoración profesional. La madera oscura, rica y ornamentada, estaba por todas partes.

Tras salir del ascensor, recorrimos el largo pasillo y vimos los despachos con grandes mesas de madera. Detrás de esos escritorios había gente vestida de traje. En el despacho más elaborado de todos, nos encontramos con Lisa Parles, Esquire. Yo sabía que esta era una escena de la visión. Era Dios respondiendo a nuestras oraciones.

Ella escuchó nuestra historia y luego nos explicó el procedimiento típico para asegurar la colocación de un niño con autismo. Era complicado y caro. Ella sabía profesional y personalmente lo difícil que era el proceso. Ella también tenía un hijo con autismo. Nuestros corazones conectaron y Gary y yo supimos que ella haría lo mejor posible por nosotros.

Nos dijo que tenía otra familia buscando en Bancroft y que las colocaciones no sólo eran muy limitadas, sino también escasas y distantes. Le dimos un depósito de 3.600 dólares y empezó a investigar las opciones de financiamiento que necesitaríamos antes de que se nos considerara en la lista de espera de Bancroft.

La colocación residencial cuesta aproximadamente 150.000 dólares al año. Normalmente, en los Estados Unidos, el costo es compartido por el distrito escolar y una agencia gubernamental como la División de Discapacidades del Desarrollo (DDD). Sean llevaba muchos años en la lista de colocación de la DDD para obtener financiamiento. Era el número 3.091 de la lista. Mientras investigaba las opciones de financiamiento, nuestra abogada encontró un programa de financiamiento llamado "Regreso a New Jersey", al que Sean podría optar porque había sido colocado fuera del estado. Ella consiguió el financiamiento y esperamos que se abriera una plaza.

Pasaron varias semanas y entonces recibimos la llamada.

"Sra. Wynn, tengo muy buenas noticias. Hoy mismo me he reunido con una pareja que me ha informado de que se mudarán de New Jersey y han decidido no colocar a su hijo en Bancroft. La colocación está abierta y abogaré para que se le conceda a Sean".

Hizo las llamadas, las citas, los trámites y, en el plazo de un mes, había conseguido la colocación de Sean en Bancroft. Entonces hicimos nuestro viaje más feliz a Virginia para ir a buscar a nuestro niño.

Escribe la visión,
Y decláralla en tablas,
Para que corra el que leyere en ella,
Aunque la visión tardará aún por un tiempo,
Mas se apresura hacia el fin, y no mentirá;
Aunque tardare, espéralo, porque sin duda vendrá.
Habacuc 2:2-3

Sean se ha adaptado perfectamente al Campus Bancroft y el personal ha sido amable, atento y cariñoso. Disfruta de la escuela y de sus compañeros de casa. Recientemente se ha trasladado a un hogar comunitario y ahora puede visitarnos en casa los fines de semana. Nuestra familia ha sido curada y restaurada. La vida no es perfecta, pero es muy, muy buena.

Para bien o para mal

El 2 de junio de 1990, Gary y yo nos presentamos ante Dios, la familia, los amigos y los testigos para hacer nuestros votos matrimoniales. Prometimos amarnos y querernos en la salud y en la enfermedad, en la riqueza y en la pobreza, en los buenos y en los malos momentos, para lo mejor y para lo peor.

Las estadísticas no nos favorecían para mantener esta promesa. Se dice que la tasa de divorcio es del 85% para las parejas que tienen un hijo con discapacidades. El estrés crónico en la relación matrimonial, las finanzas y el agotamiento emocional individual, aumentan la probabilidad de divorcio.

Mantuvimos nuestros votos sagrados y prometimos que el divorcio nunca sería una opción. Sin embargo, nunca se habló del divorcio emocional. No creo que fuéramos conscientes del término en sí ni del estado de nuestro matrimonio cuando lo experimentamos. Yo sólo sabía que a menudo me sentía alejada y desconectada de mi esposo. No me molesté en preguntarle si él sentía lo mismo. Simplemente vivíamos nuestras vidas. Íbamos al trabajo, a la iglesia y a las reuniones familiares. Comíamos juntos, dormíamos juntos y criábamos a nuestros hijos.

Ninguno de los dos es conflictivo. Somos excelentes para evitar las discusiones. De alguna manera, cada uno estaba programado para pacificar, ofrecer el beneficio de la duda y extender la gracia a los demás. Somos amantes, no luchadores, aunque teníamos mucho por lo que luchar.   Pero no sabíamos cómo hacerlo. Yo siempre estaba agotada y demasiado cansada para hablar, y mucho menos para discutir.   Él siempre era bondadoso, amable y se resignaba fácilmente. Realmente nos sentíamos como una pareja perfecta.

La distancia entre nosotros variaba. Hubo momentos en los que nos aferramos el uno al otro en busca de fuerzas, estabilidad y refugio. Nuestro amor nos sostenía. Luego hubo momentos de gran soledad, evasión y resentimiento que nos mantuvieron separados. Nuestros votos nos sostenían.

La comida era mi compañera y el efecto que tenía en mi cuerpo me aislaba emocionalmente. Lo más probable es que mi plan subconsciente fuera que mi grasa poco atractiva, ondulada y con hoyuelos, me aislara también físicamente, sólo para que me dejara en paz.   Sólo para que él me dejara y todo terminara y yo pudiera ser completamente miserable, sin ninguna esperanza, alegría o placer. No me importaba que el matrimonio terminara.   No me importaba si mi vida terminaba. No puedo decir que quería morir, ni tampoco que no quería morir. No era el tipo de "querer morir" que te hace cortarte la muñeca, tomar una sobredosis de pastillas o conducir hacia el tráfico que se aproxima, pero era del tipo que no me importaba si el tráfico que se aproximaba se estrellaba contra mí. Hay un tren que pasa por delante de nuestra casa, y más a menudo de lo que quiero admitir, ni siquiera miré antes de cruzar las vías.

Los comportamientos auto destructivos se convirtieron en mi escondite.   La comida fue lo primero y luego descubrí la gran comodidad de adormecer la mente con las compras. La deuda no tardó en acumularse. Cuanto más compraba, más escondía las facturas de las tarjetas de crédito, los recibos, los bolsos, los zapatos y la ropa.

Gary también tenía sus escondites. Sus aficiones no eran ni auto destructivas ni caras, pero nuestro matrimonio sufría igualmente cuando se escondía en sus lugares "aceptables". Le gustaba la caza y los deportes al aire libre. Se mantuvo muy activo con la iglesia y los estudios bíblicos. Como era pastor, respondía a todas las llamadas, hacía visitas y ofrecía toda su atención a cada miembro cuando lo necesitaban. Al estar tan ocupado, no se dio cuenta de la distancia que nos separaba. Los dos tenemos ésta increíble manera de aparentar que hacemos lo correcto incluso cuando no queremos hacerlo. El hecho de hacer las cosas bien nos impedía sentir los efectos acumulativos de la distancia en nuestro matrimonio.

Cuando por fin nos tomamos el tiempo de analizar la distancia que nos separaba, supimos que teníamos que trabajar si queríamos salir adelante. Gary empezó a sentir todo el peso de la depresión mucho más tarde que yo. Yo adormecí la mía y él enterró la suya. Su dolor emocional erosionó su salud física al experimentar un dolor de espalda severo y debilitante y síntomas de una enfermedad autoinmune. Por primera vez en su vida, no pudo trabajar. Esto provocó un espiral descendente en su cuerpo y en su alma. Empecé a preocuparme por él. Dejando a un lado todas mis emociones, le tendí la mano para apoyarle. Sin dudarlo, él me devolvió la mano y juntos empezamos a cerrar la brecha que nos separaba.

Gary asistió a terapia física para su cuerpo y se reunió con un consejero cristiano para su alma. Nos dimos cuenta de que el hecho de no haber afrontado honestamente nuestra decepción y nuestro dolor de corazón había hecho que cada uno de nosotros acumulara su resentimiento. Cuando descubrimos los problemas subyacentes y admitimos con sinceridad nuestras luchas con la fe, llegó la sanidad. Una vez que Gary confesó su ira hacia Dios, se sintió libre para dejar correr el río de resentimiento que su corazón había albergado durante años.

Nos perdonamos mutuamente por las formas egoístas con las que ambos habíamos intentado hacer duelo. Yo admití mis pecados y él confesó los suyos. Dios nos dio una gracia indescriptible a través de todo esto, salvando nuestro matrimonio y nuestras almas de la destrucción.

Para bien o para mal, hasta que la muerte nos separe

Cielo o sanidad – ¿Qué cree la iglesia?

¿Qué cree la iglesia sobre las personas con discapacidades? ¿Deben hacer líneas y ser ungidos con aceite hasta que llegue la sanidad? ¿Deben aceptar su aflicción y vivir por fe hasta que llegue el momento de ir al Cielo? ¿O deben hacer ambas cosas?

Realmente, y con sincera y desgarradora desesperación, espero que los severa y profundamente discapacitados tengan un pase libre al Cielo. El que este anhelo esté alineado con la teología o las Escrituras está fuera del ámbito de mi conocimiento, pero mi corazón lo entiende perfectamente.

Realmente me gustaría tener respuestas. Me encantaría escribir un capítulo de "cómo hacerlo" y decirle a la gente, a los pastores y a los demás seres humanos lo que tiene que pasar para que las personas con discapacidades profundas prosperen en nuestras iglesias.

Es muy triste que más de cincuenta millones de estadounidenses tengan algún tipo de discapacidad y que muy pocos de ellos visiten nuestras iglesias. Mire alrededor de su iglesia el domingo y vea si no es así. ¡Vaya campo misionero! Las personas con discapacidades y sus seres queridos llenarían nuestras iglesias si pudiéramos encontrar la manera de acomodar sus necesidades en el ministerio.

Una noche, mientras estaba sentada compartiendo con un grupo de mujeres, la esposa de un pastor comenzó a contar historias de como los residentes de un hogar visitaban su iglesia. Se rio y dijo que ella y su esposo temían ser conocidos como la Iglesia de los retrasados. Otras contaron historias de sus experiencias con los ruidos y comportamientos extraños. Parecía que estaban hablando de mi hijo, y en mi mente, les di una bofetada a cada una de ellas en sus caras risueñas.

Probablemente debí haberles hablado de Kathy, de Canadá, que desesperada, llevó a su hijo profundamente afectado por el autismo a una iglesia, porque estaba hambrienta de la presencia de Dios. Luego de que la parte de adoración del servicio terminó, el silencioso santuario se llenó intermitentemente con los ruidos de su hijo, y rápidamente se le pidió que fuera a otra habitación en la que "ella y su hijo estarían más cómodos". En lágrimas, abandonó el lugar, sintiéndose avergonzada, desconsolada y enfurecida. Kathy no había vuelto a una iglesia hasta la noche en que la conocí en una Conferencia sobre la Vida Familiar en Belleville, Ontario. Su hijo tenía ahora 27 años y su matrimonio estaba en crisis. Todavía desesperada por la presencia de Dios, recibió el Espíritu Santo durante ese servicio de domingo. Comenzó a asistir a la iglesia con regularidad, en donde ella y su hijo fueron recibidos con los brazos abiertos en el santuario. Su matrimonio fue restaurado y su madre también comenzó a ir a la iglesia con ella. Su marido se sienta junto a ella en esa maravillosa iglesia todos los domingos. Cuando su hijo Chris enfermó, la familia de la iglesia los rodeó con oraciones, palabras de aliento y actos de bondad. Cuando su por siempre hermoso hijo murió, la iglesia estuvo allí para sostenerlos con amor y apoyo.

Debí haberle contado a aquel grupo de mujeres risueñas, acerca Kathy o haber confesado mi ofensa, pero estaba cansada, y después de todo, las cosas que dijeron eran ciertas. Simplemente no era gracioso.

No es gracioso cuando eres tú la que trata de mantener a tu hijo callado, con rompecabezas y dulces, o cuando tratas de llevar a tu hijo de 2 metros de altura al baño de mujeres. Definitivamente no es gracioso cuando tratas de limpiar discretamente la mancha de pipí de la banca porque su pañal goteó. Sabemos que somos una distracción. Sabemos que los sonidos y comportamientos son fuertes y extraños. Pero ¿a dónde debemos ir? ¿Dónde está nuestro servicio de adoración? ¿Dónde está nuestro altar? ¿Dónde está nuestro santuario? ¿Dónde vamos a escuchar la predicación de la Palabra de Dios? ¿Dónde encontramos confraternidad, aceptación y amor?

Los padres de niños con discapacidades crónicas y graves que alteran la vida, oran a diario, y sólo a veces, a propósito. En mi desesperación, he hecho altares en el suelo de los baños, en las aceras, en mi coche y mientras recorría los pasillos. Estas son las oraciones que surgen sin la capacidad de formar pensamientos y sin la voluntad de hablar.

Tal y como están las cosas, la única esperanza del Cielo para los discapacitados graves es un pase libre porque no encajan en nuestras iglesias. A menudo se les conduce a salas de confraternidad vacías, a la sala vacía de la escuela dominical al final del pasillo, o a una sala vacía para llorar. Salas vacías - un lugar donde nadie es molestado y nadie se siente incómodo.

No estoy criticando. No estoy enfadada. Créanme. Fuimos pastores de Cornerstone Christian Life Center durante siete años y no pudimos acomodar a nuestro propio hijo. Teníamos sinceras intenciones de implementar un ministerio para personas con necesidades especiales. Teníamos servicios separados para niños y adultos con discapacidades cognitivas, pero nunca pudimos descubrir cómo hacer que la iglesia funcionara para Sean. La persona que lo cuidaba lo traía a la iglesia, y se iba cuando se cansaba. Normalmente se quedaba solo durante las dos primeras canciones. ¿Triste? ¿Frustrado? Sí. No hay respuestas sencillas ni programas de 10 pasos para el éxito, que resuelvan este problema.

La mejor experiencia y lo más cerca que estuvimos de asistir a la iglesia como familia fue en Calvary Tabernacle, bajo el ministerio de Stan y Cindy Miller; encontramos refugio y sanidad más allá de lo imaginable, ya que la iglesia nos recibió con el corazón y los brazos abiertos. No sólo nos trataron con dignidad y respeto, sino que Calvary Tabernacle también contrató a un ayudante externo para que cuidara de Sean durante los servicios de la iglesia, para que Gary y yo pudiéramos restablecernos. Organizaron un grupo de "amigos de Sean" para que pasaran tiempo cuidando de él durante los servicios y eventos especiales. Este santuario fue el punto de partida donde finalmente pude crecer en el ministerio, desarrollar mis dones espirituales, y donde encontré un renovado amor por la Palabra de Dios y la oración. Finalmente pude confiar en Dios con mi corazón. Finalmente pude confiar a la gente mi hijo. Le querían y le cuidaban como a uno de los suyos.

¿Cómo puede la Iglesia acoger a los discapacitados? La respuesta es ésta: con amor. Abran sus corazones, sus puertas y su apoyo financiero para incluirlos en la iglesia al nivel más profundo posible. Cada uno será diferente. Dios sabe lo diferente que son, porque fue Él quien los creó. Ámalos como Él lo hace.

"Y respondiendo el Rey, les dirá: De cierto os digo que en cuanto lo hicisteis a uno de estos mis hermanos más pequeños, a mí lo hicisteis."
Mateo 25:40

Este capítulo ha sido dedicado a Christopher Peter Jones
Recordándole con Amor
1984 - 2013

El futuro

Me asombra y avergüenza mi tendencia a la evasión. Evito el dolor y la incomodidad. También evito el placer y la intimidad. ¿Cuánto Kit Kat's o Reese's debo consumir antes de hacer una llamada telefónica difícil o responder a un correo electrónico perturbador? ¿Cuántas tazas de café debo de tomar antes de tener suficiente energía para doblar la ropa? ¿Cuántas hileras de tejer o cuántos capítulos leeré antes de pasar tiempo en los brazos de mi marido? No me catalogaría como una persona propensa a la procrastinación, no porque la definición no sea adecuada, sino porque prefiero no admitir que poseo un rasgo del carácter tan defectuoso.

Admitiré que cuando el resultado es incierto, la tarea es demasiado grande o el costo es demasiado alto, lo evito. Cuando el riesgo va más allá de lo que estoy dispuesta a perder, lo evito. Cuando mi única razón es que no quiero hacerlo, lo evito.

Entonces, ¿Cómo se prepara una persona como yo para el futuro? Hago lo que puedo y el resto es vivir por pura fe. Nuestro último testamento de vida está completo. Los planes se han hecho para el futuro de Sean. Las partes sobre las que los seres humanos tenemos control han sido arregladas. En última instancia, no sé mucho sobre el aquí y ahora, o sobre nuestro futuro en esta tierra. Sólo oro para que mi precioso niño sea siempre cuidado y amado. Espero que la gente sea amable y compasiva con él. No quiero que pase hambre, frío o soledad, que se acueste en una cama mojada o que duerma con un pañal sucio. Quiero que la gente lo cuide cuando yo no pueda, que lo abracen cuando necesite consuelo y afecto, y que besen sus dulces mejillas y le digan que es amado por un Dios Grande y Maravilloso.

Hay historias que me persiguen. Historias trágicas sobre el abuso, el abandono y la muerte de los inocentes. Leí la lamentable confesión de un hombre que sabía que su hermano autista estaba siendo violado por un miembro del personal mientras estaba institucionalizado, pero no hizo nada al respecto porque no quería saberlo. Las noticias informaron que un joven autista de 20 años murió tras ser olvidado en una furgoneta caliente durante cinco horas. Un niño autista de 14 años se ahogó en la piscina de un colegio mientras su cuidador estaba distraído. Estas historias me duelen profundamente; me enferman, me asustan y me enfurecen. Depender de otros para mantener a tu hijo a salvo, seguro y vivo, es una fe ciega y desesperante. Depender de ellos para que sean amables, cariñosos y cuidadosos es la verdadera fe, la fe que sabe sin duda que Dios tiene todo mi mundo en sus manos.

Por ahora, vivo día a día, confiando en aquel que creó todas las cosas y encarga a sus ángeles que cuiden de mi precioso hijo. Mantengo mis ojos en el cielo de Oriente, escuchando el sonido de una trompeta, y esperando la última vez que Dios diga NO.

"Enjugará Dios toda lágrima de los ojos de ellos; y ya NO habrá muerte, NI habrá más llanto, NI clamor, NI dolor; porque las primeras cosas pasaron...Y el que estaba sentado en el trono dijo: He aquí, yo hago nuevas todas las cosas. Y me dijo: ESCRIBE; PORQUE ESTAS PALABRAS SON FIELES Y VERDADERAS."
Apocalipsis 21:4-5

Epílogo

Cuando recibimos a una nueva familia que visitaba nuestra iglesia un domingo por la mañana, me di cuenta de que su hijo mayor era autista. Ya teníamos una familia con un hijo autista y la queríamos mucho. Su hijo y yo nos dimos un saludo muy especial. Le hicimos saber a esta nueva familia que eran bienvenidos y que los amaríamos y cuidaríamos a todos, incluyendo a su hijo especial. La última iglesia a la que asistían les había informado de que ya no los querían allí. Su hijo distraía demasiado el servicio. Vi el miedo al rechazo y la incertidumbre en sus ojos. Rápidamente les aseguré que este sería un refugio y un lugar de acogida para su familia, toda su familia. ¡Los queremos mucho! Dios ama a todos sus hijos. Nos creó a todos y nos conoce mejor que nosotros mismos. Todos somos hermosos para Él, aunque todos seamos únicos. Me gustaría pensar que Él ama a los que luchan contra las discapacidades, más que al resto de nosotros, y da a los que los aman una fuerza y una resistencia aún mayores.

Nuestra capacidad de amar debería abarcarlo todo. Denise nos ha dado una visión de lo que realmente significa amar incondicionalmente, incluso cuando parece que no hay esperanza. Gracias, Denise, por ser lo suficientemente valiente como para desnudar tu alma para que podamos vislumbrar lo que es amar a un hijo con necesidades especiales. Gracias por compartir tu vida con todos nosotros.

Connie Bernard
Primera Dama y Esposa de David K. Bernard,
Superintendente General de la Iglesia Pentecostal Unida
Internacional

Visita:
www.whengodsaysno.com
Cuenta tu historia
Puedes invitar a Denise Wynn a exponer
Planifica una consulta